# 世界は脱クルマ社会へ

白石忠夫［編著］

緑風出版

# 世界は脱クルマ社会へ

目次

世界は脱クルマ社会へ・目次

# はじめに

自動車は現代人の夢を実現してくれた。いつでも、どこへでも自由に早く行きつくことができる。人の行動をこれほどの広がりで解き放った乗り物は、いまだかつてなかった。自動車は二十世紀の技術が人間に与えてくれた最高の贈物だとも言われたこともあった。そのような便利な乗り物を国民の何割が持つようになるかを各国政府が競った時期もあった。自動車の普及率はその国の民衆の富のシンボルとも見なされたからだ。

ところが二十一世紀にさしかかった今、私たちは健康で安全に生きるためにはクルマの利用を減らさなければならないところにいる。自動車の排気ガスによる大気汚染は人間の健康を損ない、排気ガス中の二酸化炭素（$CO_2$）は工場などの排気ガスとともに地球の気温を高めるほどにまでなっている。クルマはあまりにも増加して、自動車交通量は自然環境が受け入れできる容量をオーバーしてしまった。人の健康を守るためには、窒素酸化物やディーゼル排ガスを減らさなければならない。地球の温度を維持するには今後のほぼ十年間に$CO_2$排出量を日本では六％減らさなければならない。ところがそれでもなお日本では自動車は増え続け、道路も建設され続けている。

しかし欧米に目をむけると日本とは違った現実がある。まだ一部ではあるが、そこで始まっているのはクルマ社会の克服への動きである。日本でモータリゼイションがはじまった一九七〇年代、米国ではごく一部で脱モータリゼイションがスタートしていた。その後、欧州に広がり、現在では世界の交通政策の潮流の一つになろうとしている。

世界の流れはクルマ社会を克服しようとする潮流と、クルマ社会を維持しようとする潮流との対立と抗争の過程とも言える状況へと変わり始めたといえよう。そのような流れが最初に現われたのは地球温暖化問題が発生してからではない。もっとも早くクルマ社会へ突入した米国では、すでに一九七〇年代にそのような動きは地方都市で始まっていた。カリフォルニア州、オレゴン州などの都市での試みがそうで、そのころから試行錯誤しながらクルマ社会を克服する政策を始めた。それらの経験を生かして鉄道、道路、都市交通それぞれの役割を位置づけ、国全体の総合交通計画へとまとめようとしているのが今日のいくつかの欧州諸国の動きである。本書ではそれら先進的な世界のクルマ社会を克服しようとする都市と国の政策を紹介し、日本の交通体系の現状の問題点がどこにあるか、なぜそのような諸問題が発生することになったか、を明らかにしようと試みた。

日本の交通に関する諸問題をまとめて要約すれば次のように言えよう。

一つには、自動車交通を求める経済的要求が、健康維持や環境保全という人間的要求のための節度と限界を常に乗り越えようとしてきたのが日本の現実である。

二つには、人間の健康を守り、環境を維持しようという、現代の重要な課題の実現を目指すことが、経済成長を目的とした時代に作られた諸制度と矛盾をきたしていることだ。財政制度および租税制度など国の経済的仕組は日本が貧しかった時代に繁栄、経済成長を推進し、助長する目的で作られたもので、その考え方は現在なお生きている。それは環境問題が発生した後には、環境の悪化を助長する機能を果たすことがしばしばであった。

例えば道路建設の予算は、自動車燃料税をすべて投入する特定財源制度により保証されている半面、公共交通は厳しい独立採算制が求められて、国や自治体の補助はほとんど受けられない。また燃料油に対する税金でもよりひどく大気を汚染し、道路に対する主な破損要素でもあるディーゼル車の燃料の軽油税は軽い。半面、大気汚染への負荷が少なく、道路に対する破損度合いも少ないガソリン車の燃料、ガソリン税率は遥かに高い。また大気汚染を防ぐために燃費の良い車の普及を図るとの政策を掲げながら、実行したことは普通車の税金を大幅に下げ、小形車の税引き下げ率を少なくして、小型車よりも普通車の普及率を大幅に引き上げるような税制に変えた。この結果、単体当たりの燃費は悪化して排ガスは著しく増加し、大気汚染を悪化することに寄与した。こうした建て前と矛盾した政府の行為は、いたるところで見受けられる。それらは一部の運輸政策関係者にも認識されているが、抵抗する壁が厚いため転換することができず、矛盾の構造は持続されている。そのことは第七章で述べる。

言葉では日本でも現状の改革が語られている。一九九七年十二月、京都会議では二〇〇八年〜一二年までに$CO_2$の排出量を六％削減するという国際公約を行なった。しかし行動は違う。一九九八年度にはじまる第十二次道路建設五か年計画では東京湾の入り口に橋をかけ、伊勢湾では知多半島と伊勢との間、関西では和歌山—淡路島間、四国の愛媛県と大分県との間に長い橋を掛けようとの計画を具体化するという。東名、名神と並行した日本縦貫道路をもう一本作ろうと言うわけだ。あの田中角栄の日本列島改造論でさえ考えなかったほどの大規模な列島改造計画である。

すでに完成した東京湾横断道路・アクアラインと三本の本州四国連絡橋の利用状況は、当初計画した交通量の半分にも達せず、経営的にはほとんど破産している。しかもその原因は、現実からは想定できない空想的な自動車交通量を前提とした収支計画を立てていたことにあった。本州四国連絡橋も同じだ（第八章）。それにもかかわらず、同じ結果を生むことが明らかな道路建設プロジェクトを政府が決めるのは、利害関係による経済的要求が環境保全という課題よりも優先することを示す典型的な事例であろう。

地球温暖化の危険が明らかとなった一九九〇年代には$CO_2$排出削減の主要な対象として自動車交通が多くの先進国政府に着目され、自動車交通の削減が主要な課題となっている。そして、それに代わる公共交通の充実が検討され、実行されるようになっている。

現在進行中の世界の交通計画の転換を都市交通問題を専攻する東大工学部都市工学科の原田昇教授はパラダイムシフトとよんでいる。従来は需要追随型の交通計画であったが、現在のそれは需要管理型という新しい方法への転換というわけだ。同氏はその問題について、交通政策研究者で組織する日本交通政策研究会の集まりで報告した。そのさい研究会では、「あんな非常に大胆な$CO_2$削減策を日本で言ったら袋叩きにあって学者としてはおしまいになるかも知れぬ」と同研究会の常務理事である早稲田大学教授が発言している（『都市交通政策論争の今日的課題』、一九九五年十二月、日本交通政策研究会刊）。冗談めいたその言葉に日本の交通政策学者の意識と思想がにじみ出ていて興味をそそられた。また、「産業界から見ると目障り、耳障りな提言は日本の場合は色々なしがらみがくっついてしまって、こういう大胆にして斬新な提言は出にくいと思う」とも言っている。交通政策を研究して、日本の交通政策に貢献すべき立場にある学者がこのような自戒の言葉を吐いている実情からは、到底環境に配慮した交通理論や政策提言は出てくることもないだろう。

しがらみとは、この交通政策研究会のスポンサーである自動車工業会のような産業界であり、またその影響を受けやすい学会からの暗黙のしばりである。マスコミも同じである。自動車業界の経済的政治的影響力は大きく、広告宣伝のスポンサーとしての力は絶大である。大新聞にせよ、テレビにせよ、その自動車業界の広告宣伝費用収入に対する依存率が極めて高くなっているため、スポンサーである業界の利益を損なうような批判は出にくいのであろうか。

ところが、欧州では事情は一変する。「交通と環境問題」、「地球温暖化と交通」、「クルマ社会と気候変動」といった新しい政策課題についてはイギリス、オランダなどの大学の研究者がＯＥＣＤで指導的役割を果たしている。彼等の研究の成果が基礎となって政策提言が作成され、ＯＥＣＤから刊行されるのがしばしばである。日本と違って欧州では専門研究者は環境保全のオピニオンリーダーとしても働いている。

二十世紀を終えようとしている現在、クルマ社会として早く登場した欧米から破綻が目立ち、交通秩序は緩やかではあるが、クルマ社会の先進国から転換が始まっている。そうした新たな流れと、節度ある総合交通体系のあり方を目指そうとする方向についても紹介する。日本の自動車交通の現状は環境破壊と渋滞により交通手段としても破綻している。新たな総合交通体系が作られなければならない段階にあることはだれの目にも明らかである。だが日本では交通政策がなぜそのような方向へ進んでいかないのか、妨げる要因は何か、を考えるための素材を提供することに努めたが、その試みの成否は読者の判断にゆだねたい。

# 世界は脱クルマ社会へ

# 第1章　改善の見通しのない自動車交通による被害

## 一　ディーゼル排ガスには発ガン物質

### ディーゼル排気微粒子の発ガン性が明らかに

近年、自動車排気ガスによる被害が明らかにされた。従来から危惧されていたディーゼル排気ガスには発ガン性物質が含まれているのではないかとの疑惑は立証された。研究の開始は十七年前にさかのぼる。肺ガンの発生はディーゼル車の排出ガス中の微粒子によるのではないかをテーマにした共同研究が一九八〇年九月、国立がんセンター研究所の河内卓・副所長らと福岡県衛生公害センターの常盤博・疫学課長らによって始められた。

この共同研究の結果、ディーゼル車排出ガス中の微粒子にニトロ化合物の一・ニトロピレン、三・ニトロフルオランテンが吸着していることが突き止められ、その変異原性の強さや発ガン性の有無が関心の的となった。

そこで国立がんセンター研究部が福岡県衛生公害センター、徳島大学と協力、ラットへの皮下注射によってラットがガンになるかどうかの動物実験を行なった。その結果、一九八一年十月ディーゼル車の排出ガス中には化学構造の少しずつ異なる三種類のジニトロピレン（多環芳香族炭化水素に二酸化窒素が二つ付いたもの。一つだけ付いたのがニトロピレン）が含まれ、いずれも発ガン性があることが明らかになった。発ガン性があることが明らかになったのは一・三ジニトロピレン、一・八ジニトロピレン、一・六ジニトロピレンの三種類で、このうち一・三ジニトロピレンと一・八ジニトロピレンは発ガン性が強いことが突き止められた。また一九九三年二月、国立環境研究所の嵯峨井勝総合研究官らが、ディーゼル車の排出ガスに含まれている黒いすすが細胞破壊や発ガンにかかわる「活性酸素」を生み出すことを明らかにした。

こうしてディーゼル車排出ガスの中に含まれている発ガン物質・発ガン性物質が肺ガン増加の主要な要因とみられるようになった。肺ガンを引き起こすディーゼル微粒子は、このほか小児喘息など住民の呼吸器障害を引き起こす真の原因物質であることが一九九三年一月、国立環境研究所（茨城県つくば市）と東日本学園大学（北海道石狩郡）の共同研究の結果分かった。花粉症などアレルギー性鼻炎もディーゼル微粒子が因子となって発症することが動物実験や疫学調査の結果、明らかにされている（「ディーゼル排気微粒子の健康影響」嵯峨井勝、『自動車依存社会』柴田徳衛、永井進、水谷洋一編著、実教出版刊等）

## 軽油使用量の増加が多発の原因

肺ガンや喘息など呼吸器疾患の原因物質ディーゼル微粒子を排出させるディーゼル車は本来、増えないような対策がとられるべきであった。ところが一九七三年十月に発生した第一次石油危機でガソリン代が高騰すると、ガソリンと比べて四〇％も価格が安い軽油を燃料とするディーゼル乗用車が普及した。当時、ディーゼル車の走行一キロ当たりの燃費は実質的にガソリン車の三分の一に近い額だったためである。ディーゼル・トラック、ディーゼル・バスも急ピッチで増えた。ディーゼルのトラック、バスの種類には窒素酸化物を比較的少量排出する副室エンジンによるものと、多量の窒素酸化物を出し、馬力も大きい直接噴射式エンジンによるものの二つがある。このうち馬力の大きい直接噴射式が急増、このため窒素酸化物など大気汚染物質の排出量も増えた。一九八一年以降、車両重量八トン以上の大型トラックは全部、直接噴射式に切り替えられ、トラック、バスのほとんどはディーゼル車に転換した。

ディーゼルの普通貨物車は同型のガソリン車の三倍以上、ガソリン乗用車の二〇倍以上の窒素酸化物を排出する（図1―1）。このため大都市と、その近郊から始まった二酸化窒素（$NO_2$）の環境基準を上回る高濃度汚染地域は軽油消費量の増加にともなって全国各地に年々、広がっている。

軽油使用量の増加は多くのディーゼル微粒子を大気中に排出させ、それが肺ガンを始め、喘息、花粉症などの呼吸器障害を多発させている。これを防ぐため環境庁が取っている方策はディーゼル車一台ごとに排出ガス規制を強化することで、ディーゼル全車種の排出ガス中の粒子状物質を二十一世紀始めごろまでに六四％低減させることにしている。しかし、たやすく分かることだがディーゼル車の運行台数が増加し軽油消費量が多くなれば、この規制による低減効果が帳消となる。

事実、ディーゼル車の保有台数は増え、軽油消費量は年々増加しており、窒素酸化物による汚染はひどくなり、汚染の地域は広がっている。近年$NO_2$の汚染は東京、大阪などの巨大都市から地方に拡大する傾向にある。かっては環境基準を超える地域は東京・横浜や大阪・兵庫などの特定地

図1-1　NOxの排出源

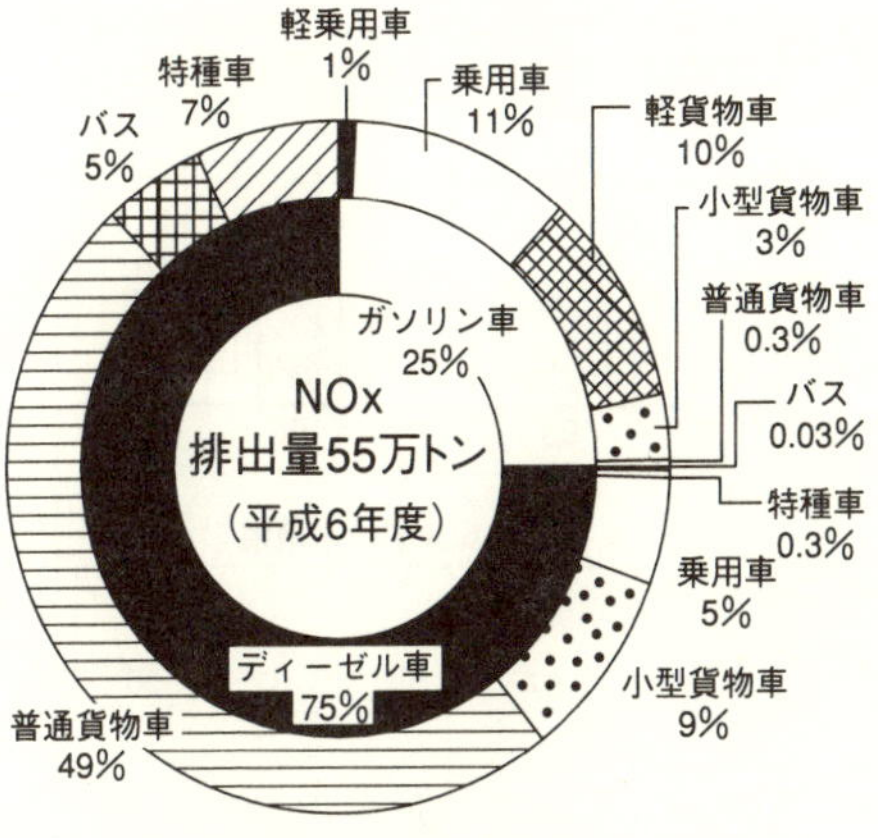


出典）「自動車排ガス調査報告」1998年3月、環境庁

図1-2　二酸化窒素の環境基準非達成局の分布

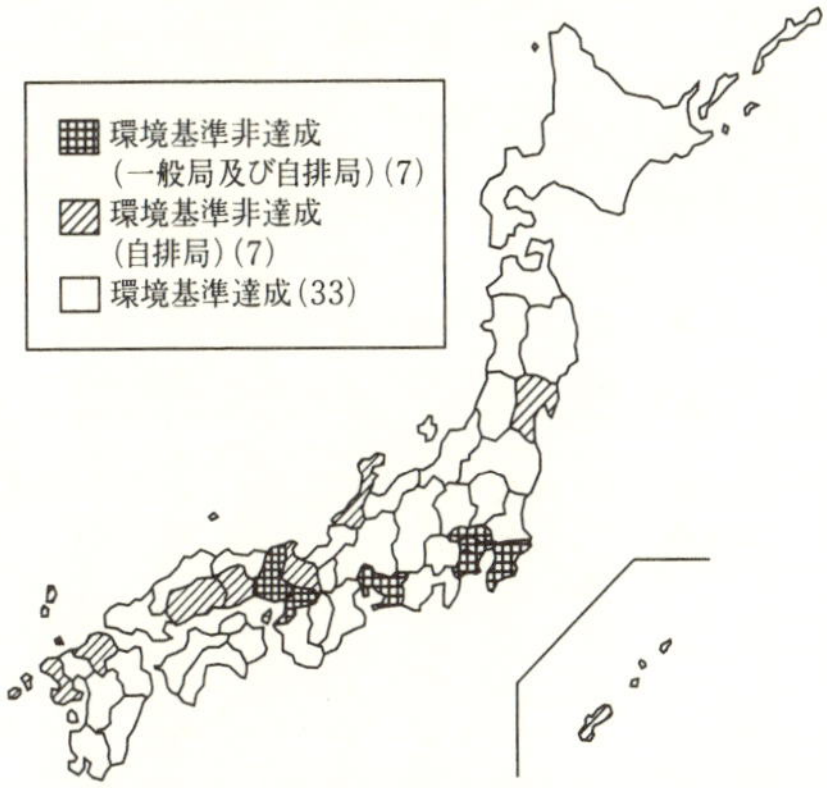


出典）平成10年度大気汚染状況について、環境庁

図1-3　NOx環境基準達成状況

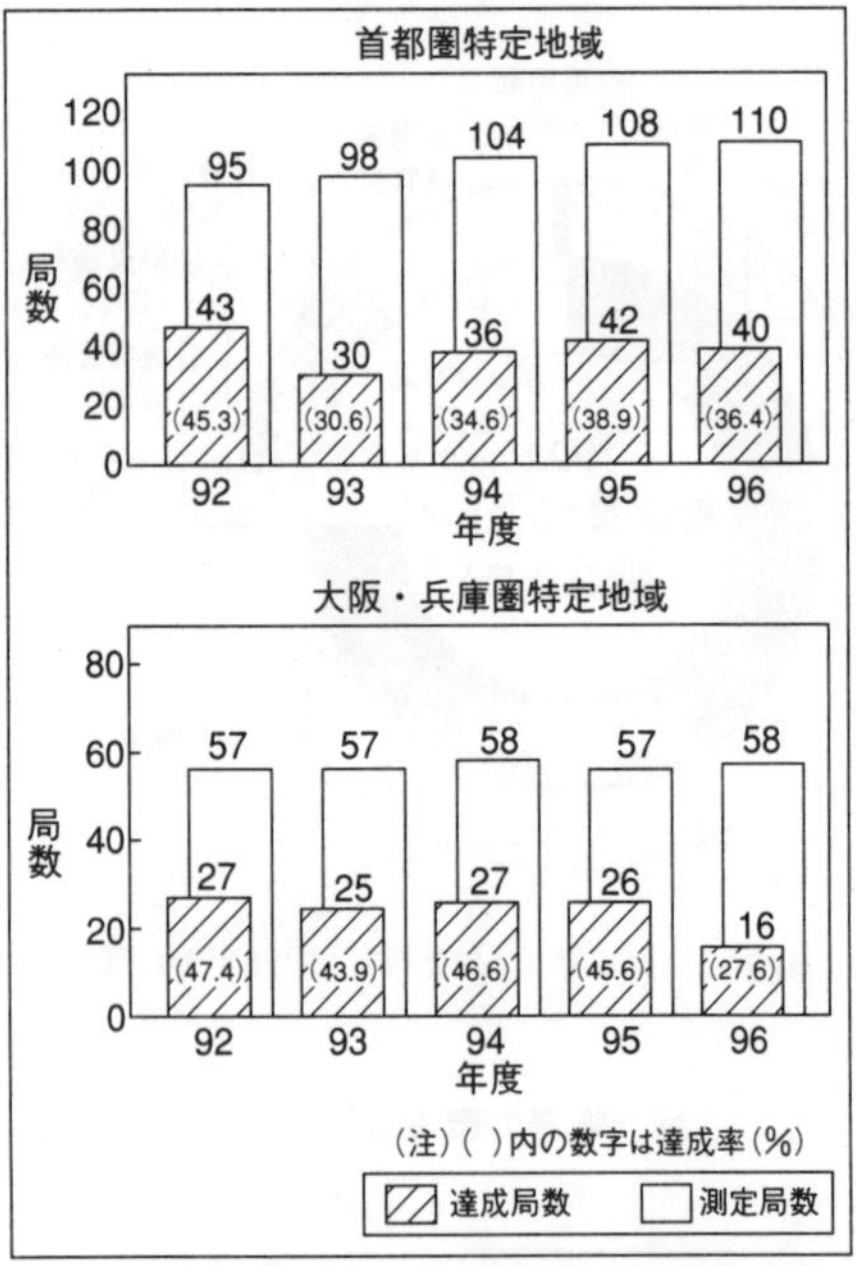


出所）「全国大気汚染調査報告」1996年度、環境庁

域内にとどまっていたが、最近では東海道、山陽道など幹線道路にそって名古屋、岡山、広島、福岡など全国に広がっている（図1―2）。一九九六年度の環境庁の自動車排ガス測定報告でも首都圏と大阪・兵庫の特定地域の環境基準の達成局の割合はそれぞれ三六％、二八％に過ぎない（図1―3）。また全国の都道府県のうち環境基準を越えた測定局は自動車ＮＯｘ法の特定地域以外の石川、静岡、宮城など計一四府県に広がっている。こうしたＮＯｘ汚染の広がりに伴って当然、ディーゼル微粒子の汚染も広がっている。ディーゼル・トラックやディーゼル・バスの交通量が多い全国の幹線道路沿い住民はディーゼル微粒子を吸い込み、肺ガンになる危険性にさらされる。

ＮＯｘは硫黄酸化物（ＳＯｘ）とともに光化学スモッグや酸性雨の原因になる。環境庁は七三年から自動車から出るNOx規制を始めた。八五年に東京都区部と大阪市などでNOxの発生源を調査したところ、東京で六七％、大阪で四七％のNOxが自動車から出ていることがわかった。

そして一台の自動車が一キロ走るごとに排出するNOxの量を示す車種ごとの原単位は図1―4が示すようにディーゼル普通トラックはガソリン乗用車の二一倍に達する。年間排出量では普通トラックは乗用車の五五倍、日本の自動車が排出するNOxの排出量五五万トンのうち保有台数では四％の普通トラックが四九％を排出する（環境庁自動車排ガス調査）。

図1-4　車種別NOx排出総量

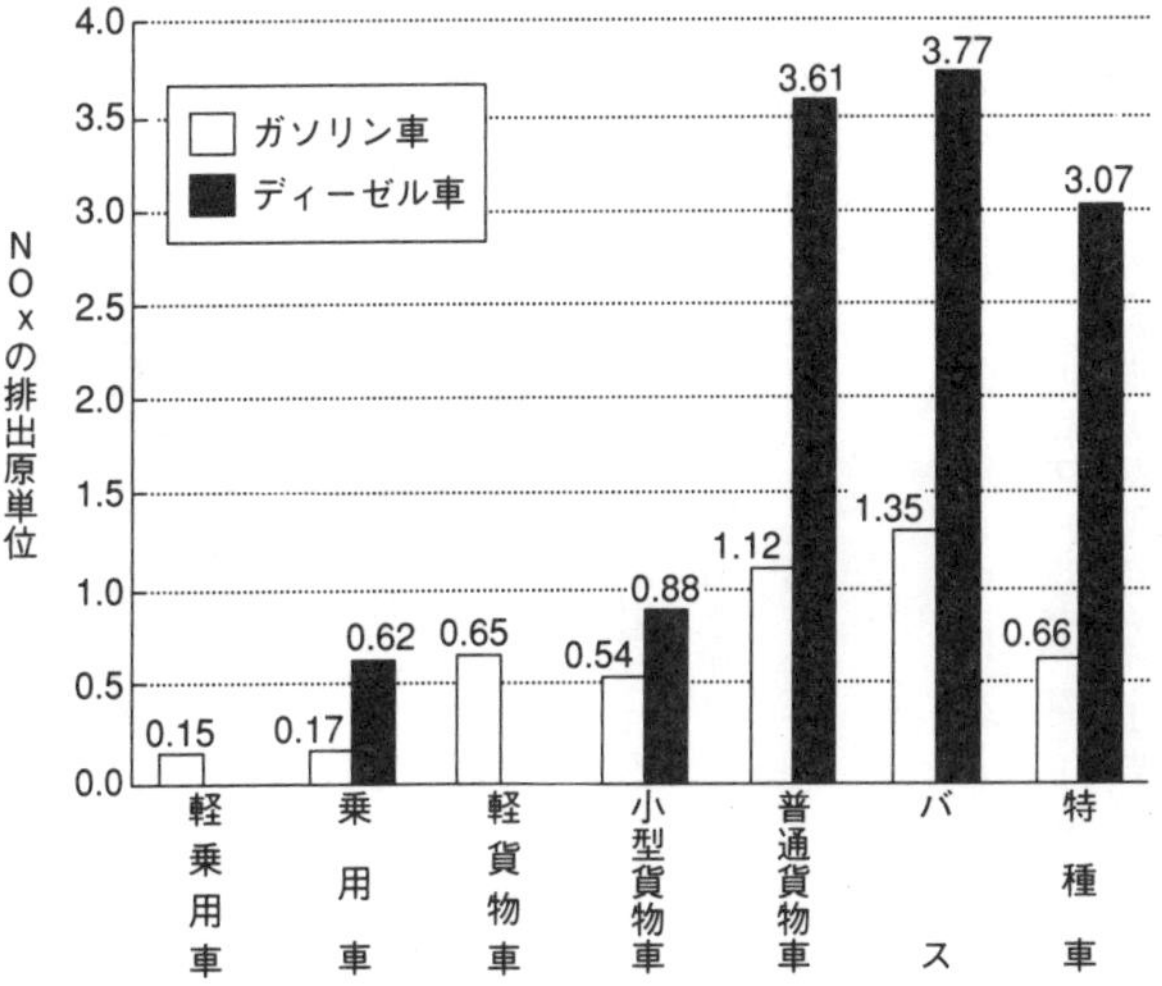


出所）「自動車排ガス調査報告」1998年3月、環境庁

　自動車は、大量の石油を燃やす過程で$CO_2$だけでなく、一酸化炭素（CO）、窒素酸化物（NOx）、炭化水素（HC）、粒子状物質（PM）など、多種多様な大気汚染物質を排出する。先進国、途上国を問わず、世界の多くの都市で、自動車はこれらの大気汚染物質の最大の排出源である。

## 二　自動車は最大の大気汚染源

### 排気ガスにはこんな有害物質が

アメリカ最悪の大気汚染で有名なカリフォルニア州の南部沿岸地区（ロサンゼルス郡とその周辺の三郡）では、夏期を中心に年間二百日以上も光化学スモッグ（オゾン）の環境基準を達成できない日々が続く。風の少ない暑い日には、オゾンレベルが環境基準の一・五倍〜二倍に達し、屋外での運動を控えるようにと、警告が出されることもしばしばである。同地区では、オゾンを生成する物質の約五〇％は自動車から排出されている。

東京・大阪などの日本の大都市部でも、オゾン、浮遊粒子状物質（SPM）、二酸化窒素（$NO_2$）による大気汚染が深刻で、地域内に数十ある大気汚染測定局の大半で環境基準を達成できない年が続いている（$NO_2$とSPMについては自動車排気ガス測定局、オゾンは一般環境大気測定局）。ディーゼル微粒子をふくむ浮遊粒子状物質（SPM）の濃度は改善されないまま横這い状態が続き、環境基準の達成率は自動車排ガス測定局では僅かに三五・二パーセント、一般大気測定局でも六三・五パーセントにとどまっている（環境白書一九九七年版）。ディーゼル微粒子の濃度も当然横這いか、悪化していると推定され、健康に対する影響が懸念されている。

日本では、一九七〇年代から大気汚染の健康影響に関する疫学調査が数多く実施されてきているが、そのいずれも、大気汚染、特に二酸化硫黄（$SO_2$）・SPM・$NO_2$による汚染と呼吸器系疾患との間に緊密な関係を見いだしている。また、一九七〇年代末から八〇年代末にかけて大阪西淀川、川崎、尼崎、名古屋南部の四つの地域では、工場からの煤煙と自動車排出ガスによる健康被害をめぐって、住民による大気汚染公害訴訟が相次いで起こされた。

大阪西淀川区に住む公害病認定患者四三二人（一次～四次の合計）は、関西電力ほか企業九社と道路管理者である国・阪神高速道路公団を相手取り、環境基準を越える大気汚染物の排出の差し止めと被害の賠償を求めて訴訟を起こした。その後、同様の訴訟が、川崎市、尼崎市、名古屋南部地域でも起こされている。西淀川公害訴訟・第二次～四次訴訟に対する大阪地裁判決（一九九五年七月）では、自動車排出ガスによる健康被害を認め、国・公団に対し総額約六五五八万円の支払いを命じ、原告の一部（一八名）が勝訴している（ただし、差し止めは認められなかった。また、企業とは総額約三九億九〇〇〇万円の解決金を支払うことで、一九九五年三月に和解が成立している）。

### 際限のない人的被害

多くの発展途上国では、最も深刻なのは鉛などの多様な毒性物質を含むSPMによる大気汚染であるが、バンコクでも、ジャカルタでも、台北でも、自動車はSPMの四〇～五〇％を排出する最大の排出源である（ただし、大気中の鉛のほぼすべては、有鉛ガソリンを使用している自動車によって排出されている）。ある研究によれば、バンコクには現在、呼吸器系疾患を持つ住民が約一九〇万人おり、そのほとんどは、自動車排気ガスにより何らかの影響を受けていると推定されている。また、インドネシア大学のウマール教授が、ジャカルタでスラム住民の血中鉛濃度を調べたところ、空気が清浄な他地域の住民の一四倍（一リットル当たり〇・九二八マイクログラム、世界保健機関によれば、一リットル当たり〇・二マイクログラム以上だと健康に悪影響が生じる可能性がある）もあり、空気中の鉛の直接吸引だけでなく、食物連鎖を通じた鉛の体内摂取が大きな問題となっている。台北市でも、学童の喘息有症率がこの二十年で六〜七倍（約九％）になっていることから、環境保護署（日本の環境庁にあたる）が、一〇〇万人にのぼる生徒が通学する台湾の全小中学校の環境調査に乗り出している。

先進国では、一九七〇年台から自動車排出ガス規制が導入されているが、興味深いことに、世界で最も厳しい排出ガス規制が実施されているアメリカと日本では、一九九〇年代初頭に、これまでの自動車排気ガス汚染対策の在り方を抜本的に見直さざるをえなかった。なぜなら、自動車一台当たりから排出される大気汚染物質量は、排出規制によって両国とも五分の一から十分の一程度まで低減されたが、その間に進行した自動車走行量の二〜三倍増によって（日本の場合には、それに加えて、ガソリン車に比べて格段に大気汚染物質排出量が多いディーゼル車の急増によって）、その効果の多くは相殺されてしまい、自動車走行量の抑制をはからなければ、環境基準を満たす清浄で安全な空気を二度と取り戻せないことが明らかになったからである。

アメリカでは、一九九〇年に改正された連邦大気清浄化法や州レベルの同様な法律によって、各州・地方自治体にさまざまな「自動車交通抑制策」を実施することを義務づけている。日本でも、一九九二年に制定された「自動車NOx法」によって、二酸化窒素による大気汚染がきわめて深刻な東京都周辺及び大阪・兵庫県の一部を「特定地域」に指定し、同地域内において自動車から排出される窒素酸化物の総量を削減するため、総量削減計画を定め、達成目標年度も決めた。しかし予測されたとおり、自動車ごとの規制・単体規制では大気汚染防止を実現することはできなかった。だがそれに代わる有効な方法である自動車交通総量を規制する方策が近い将来に採用される見通しは少ない。

自動車による交通事故も増大の一途をたどっている。日本の交通事故は、歩行者や自転車などの「外部者」を巻き込む事故が多いことが特徴で、事故死亡者のうち歩行者・自転車乗車数の割合は、ヨーロッパの先進国では三〇％程度、アメリカ、カナダでは二〇％以下であるのに対し、日本では約四〇％である。自動車は歩行者、自転車利用者に対する殺害の道具となっている。

世界の交通事故死亡者数（交通事故死の定義は国によって異なるので、多くの先進国で採用されている事故発生後三十日以内の死者数に換算）は、年間二五万人にのぼるといわれており、数千万人が事故で傷ついていると推定されるが信頼できる統計はない。アメリカでは年間事故死亡者数が五万人に迫っており（世界第一位）、日本では約一万五〇〇〇人（第二位）、フランスでは一万人強（第三位）、ドイツ、イタリア、イギリスでは数千人と、いくつかの先進国では交通事故死は最大の死亡原因の一つとなっている。人を傷つけ、殺傷する戦争行為による死亡者数に匹敵するような事態が続いている。先進国全体では近年、多少死亡者数は減少したという。

今最も危険なのは、自動車、バイク、自転車、そしてしばしば、家畜車、人力車と溢れんばかりの人間が、密集して混沌と入り交じっている発展途上国の道路である。発展途上国の交通事故の特徴は、自動車一台当たり、あるいは走行距離当たりの事故死者数が多く、また事故死者に占める歩行者の割合が多いことで、それらはしばしば先進国の数倍にも及ぶ。今後、一層自動車が氾濫すれば、発展途上国でも交通事故は最大の死亡原因の一つになることは間違いないであろう。すでにいくつかの発展途上国では、交通事故は五指に入る死亡原因である（『現代環境論』高月紘、仲上健一、佐々木佳代編、有斐閣刊）。

世界中での自動車事故による死亡者に加えて、不正確な公式統計だけでも負傷者は六〇〇〇万人にものぼるという（世界道路統計九六年）。それは際限なく増加する傾向にある。自動車交通の利便性はついに便利であるどころか人の健康を損ない、人を傷つけ、膨大な数の死者を生むという正反対の結果を生むほどになっている。

### 騒音と経済的浪費

自動車は走行時に、大気汚染物質とともに迷惑きわまりない騒音もまき散らす。大気汚染物質と同様、世界の多くの大都市で、自動車は最大の騒音源でもある。

騒音は、安眠妨害、ストレス、疲労感、視聴障害、血圧の上昇など、住民の健康や福祉にさまざまな影響を与えることが知られているが、先進国では少なくとも一億一〇〇〇万人以上、つまり一四％以上の居住者が道路交通により六五デシベル（日本の環境基準の上限値、騒々しい街頭と同レベル）以上の激しい騒音にさらされていると推計されている。特に、しばしば人口密度の高い住宅地域を貫いて幹線道路が走る日本では、約三七〇〇万人、つまり人口の三〇％が六五デシベルの激しい騒音にさらされていると推計されており、被害は格段に深刻である。日本では、道路騒音をめぐっても公害訴訟が提起されており、「国道43号線訴訟」では、最高裁で住民勝訴が確定している。

世界の大都市を麻痺させている交通渋滞と、日常茶飯事となった交通事故の光景を思い起こせば、自動車は快適で合理的な交通をもたらしてくれるという思い込みが、いかに幻想にすぎないかわかる。

ある研究によれば、アメリカでは、交通渋滞による時間と燃料のロスにより、少なくとも年間一四六〇億ドルが浪費されていると推計されている。特に交通渋滞のひどいロサンゼルス地域では、平均的ドライバーは年間一〇〇〇ドル以上を交通渋滞の中で浪費されると試算されている。

一方、日本では、交通渋滞による経済的浪費は全国で年間約一二兆円、東京では一日当たり一二〇億円、大阪では一日当たり二・五〜一〇億円と試算されている。実際、東京の主要交差点では、昼間十二時間（午前七時〜午後七時）のうち、平均して五時間以上も渋滞しており、また首都高速道路でも、四キロも連なり二時間半以上も続く渋滞が、毎日四〇回以上も生じている。

交通麻痺に悩まされているのは先進国だけではない。最近の研究によれば、タイの首都バンコクでは、激しい交通渋滞のために平均的な労働者は毎日八六分も余計に通勤時間がかかっている。燃料のロスを含めると、交通渋滞による経済的ロスは年間総計五〇〇億バーツ、つまりタイ国全体の国内総生産（GDP）の約二%にものぼる。

ロサンゼルス、東京、ソウル、台北、バンコク、カイロ、パリ、ロンドン、リオデジャネイロ、メキシコシティ――世界の大都市はどこでも、朝夕のピーク時の自動車の平均時速は一〇〜二〇キロと自転車なみである。

## 三　自己矛盾に陥ったクルマ社会

クルマ社会は、交通問題を解決するものではなかった。かえって交通渋滞により交通時間を延長し、自動車の増加それ自体が自動車による人的、物的移動の障害を増大させている。エネルギーの浪費、地球温暖化、大気汚染、道路騒音、交通渋滞、交通事故、社会的不平等、さらには、大量の廃車の処理、道路による都市景観や自然環境の破壊――このままクルマ依存を続けるならば、これらの厄介な問題はますます巨大になり、私たちの社会にのしかかってくるだろう。もし、私たちが、それに押しつぶされたくなければ、クルマに浸りきってしまった社会を問い直す必要がある。人間の生命と健康のために、自動車から道路を取り戻すことが必要となったのだ。

行き過ぎたクルマの依存からの脱却を図ろうとするならば、自動車から道路を取り戻し、住民、歩行者、自転車、路面電車などが自動車と共存できる空間へと改造する必要がある。幸いなことにわたしたちは既にいくつかの成功例を知っている。

一九七〇年代初めに、オランダのデルフト市では、歩行者や住民の生活を脅かさない範囲で自動車の通行を認めるべきだとして、住宅地の道路に植栽や駐車スペースを配して道路をジグザグにしたり、道路面に凹凸を付けたり、道路幅を一部狭くしたりするなど、自動車を走りにくくするような一連の措置が導入された。この試みは「ウォンネルフ（生活の庭）」と呼ばれ、住宅地の道路を人間の手に取り戻すことに大きく貢献した。その後、同様の措置は、オランダ国内だけでなく多くの欧米諸国の住宅地区で採用されることになった。

また、旧西ドイツでは一九九〇年代半ばから交通の静穏化と呼ばれる交通政策が実施されている。これは、通過交通の排除と自動車走行速度の低下によって、住宅地における自動車交通の静穏化と生活環境の改善を達成しようとしたもので、①袋小路化や迂回化などの通過交通を住宅地に侵入させないための道路網の変更、②緩衝施設の配置、道路幅員の一部狭窄など道路構造の改良、③住宅地道路での歩行者の完全優先化や時速三〇キロへの速度制限の強化などの交通規制、等を内容とするものである。特に住宅地での三〇キロへの速度制限の強化（従前の制限速度は五〇キロ）は、一九八〇年代に入ってヨーロッパ各国に広がり、多くの都市の住宅地で「ゾーン三〇」と呼ばれる面的な速度制限が実施されている。

また、オランダとデンマークのいくつかの都市では、自転車道ネットワークを張りめぐらし、鉄道駅に駐輪場などの自転車関連施設を整備することによって、道路交通のなかで自転車が正当な位置を占めることに成功している。オランダでは、総合交通計画のなかで、自転車利用の促進に常に高いプライオリティが与えられており、自転車道や鉄道駅の駐輪場などの整備に毎年、総道路投資額の一〇%以上（日本の場合四%程度）が支出されている。また、土地利用総合計画においても、鉄道の駅や商業地区まで自転車で結ばれるようにすることが、住宅地計画の留意点としてあげられている。その結果、オランダでは通勤トリップの約三〇%が自転車によって担われて（日本では一五%程度）、さらに鉄道利用者の約三〇%が駅まで自転車を利用している（日本では一〇%程度）。オランダと同様の自転車利用促進策はドイツなどいくつかの都市でも実施されており、成功を収めつつある。

ドイツでは自動車燃料税を鉄道など公共交通に投入して運営経費に当てているようだが、ヨーロッパでは公共交通は都市行政の手厚い保護を受け、運賃もきわめて安く抑えられている。鉄道など公共交通機関の維持経費は利用者負担だけではとうてい賄えない。それでもヨーロッパではバスや地下鉄など共通利用できる乗車券や週末限定の大幅な家族割引も普及している。マイカーを手放した市民へのご褒美だといえるだろう。ヨーロッパのいくつかの都市では観光バスやタクシーさえ都心部から締め出して、路面電車への利用に転換させる計画が進行中だ。しかもその路面電車は在来の国鉄線へも乗り入れを行なうという。性能や機能が幹線輸送機関として、あるいはそれらとリンクできることを前提に再開発されている。納税者にサービスで還元する行政の基本姿勢がストレートに貫かれているのだ。

## 四　自動車交通の社会的コスト

### 内部化するための方法は？

自動車交通に関連して生じるコストのうち、自動車ユーザーに直接負担されることなく第三者あるいは社会全体の負担となっているコスト、つまり「自動車交通の社会的コスト」はアメリカでは少なく見積もって年間三〇〇〇億ドル以上にのぼると推計されている。また、もし交通渋滞による時間や燃料のロスなども社会的にみて望ましくないコストと考えるならば、自動車交通の社会的コストはアメリカのＧＤＰの約七％、つまりマレーシアやフィリピンなどの上位の途上国のＧＤＰに匹敵する規模となる。

これまであまりに長い間、自動車交通の社会的コストを無視する交通政策が市民や企業の交通手段の選択、交通インフラへの投資、住宅・事業所等の立地などの重要な意志決定を歪め、クルマ依存を増長し続けてきた。だが、自動車交通がもたらす真のコストを正しく認識するならば、交通政策の重点は必然的に自動車交通の抑制と代替交通手段の整備に移行せざるを得ない。

経済活動が第三者、あるいは社会全体におびただしい社会的コストをもたらしている場合、その活動は社会的にみて望ましいレベルを越える過度なものとなる。そしてそのような場合には社会的コストをその発生源に適切に負担させることによって、活動水準を社会的にみて適正なレベルまで抑制すること、すなわち「社会的コストの内部化」が必要である。

自動車交通の場合、その膨大な社会的コストを内部化するための最も適切な方法は、おそらく自動車燃料に対する課税を引き上げることであろう。なぜなら燃料価格はドライバーや企業にとってどれだけ自動車を走らせるかについての大きな意志決定要因であり、また自動車交通がもたらす社会的コストはおおよそ燃料消費量に比例すると考えられるからである。

すでにいくつかの国々が燃料税の引き上げなどを通して、自動車交通がもたらす社会的コストの一部を自動車ユーザーに負担させる試みを始めている。例えば、デンマーク、フィンランド、オランダ、ニュージーランド、ノルウェー、スウェーデンなどの国々では最近、自動車燃料に環境税を課すよう燃料税制を改革した。またフィンランド、オランダ、ノルウェー、スウェーデンなどでは、自動車燃料を含めすべての化石燃料に二酸化炭素税が導入されている。さらにオーストラリア、フィンランド、ドイツ、ギリシャ、ノルウェー、スウェーデンなどのいくつかの国々ではクリーンな自動車（一定の排出基準を満たす車。触媒コンバーター装着車、電気自動車など）に対し、売上税や所得税などの減免措置が導入されており、アメリカでは燃料効率が一定基準より悪い乗用車に対して、特別自動車税を課している。

### 内部コストと技術によっても解決しない

しかし、課税は万能の策ではあり得ない。なぜならそれによって自動車交通の社会的コストを内部化できたとしても、それは一部だけで、部分的に経済合理性を実現したにとどまる。大気汚染による健康被害や地球温暖化などの自動車交通が引き起こす被害を補償するにはほど遠い。また、経済的合理性を追求して自動車交通の社会的コストをすべて内部化しようとすれば、税額は驚くほど高くなる（アメリカの場合、燃料の引き上げによって自動車交通の社会的コストをすべて内部化しようとすれば、ガソリン価格は少なくとも今の四倍になると試算される）。

技術による解決の可能性を指摘する意見がある。現在開発中の数多くの自動車技術をもってすれば、自動車交通のマイナス面をいくつか軽減することができるかもしれない。自動車からの大気汚染の法的取り締まり強化のために、一部の技術者や企業家は、これまでとは完全に異なる自動車設計、石油の使用と排気ガスを実質的になくすという道に乗り入れつつある。また、エレクトロニクス通信技術を用いて自動車と道路をもっと賢くし、交通混雑を軽減しようという動きもある。

しかし、たとえ自動車製造工程の抜本的な再構築と改善を成し遂げて新世代の『グリーン・カー』の開発に成功したとしても、交通全体はほんの少ししかクリーンにならないだろう。自動車中心の交通が抱える環境への負荷、きわめて不都合な交通混雑や交通事故など多くの問題点が手付かずのままになるからである。燃費が向上すると運転費用が安くなるので、人々はもっと自動車を使うように刺激されるかもしれない。石油価格が低下するたびにガソリン販売量が増加するのと同じ現象である。また、ほとんどの専門家の意見が一致していることだが、合成物質製軽量自動車の価格は、最終的には現行の自動車の価格水準まで下がると予測されるけれども、いまの自動車依存型交通システムに内在する不平等の問題はなんら解消されない。

### 環境特性にすぐれる公共交通機関

交通手段を車両費用、料金費用、保険料、税金などの見せかけのコストだけではなく、その陰に隠された膨大な社会的コストをも正当に勘案して評価するならば、鉄道やバス等の公共交通機関は自動車に代わる魅力的で合理的な交通手段である。なぜなら公共交通機関は交通特性の点では自動車に劣る点も少なくないものの、環境特性の点では乗用車やトラックより格段に優れているからである。

例えば、バス（乗合）と鉄道は、自家乗用車より二～三倍もエネルギー効率がよく、$CO_2$排出量も二分の一から九分の一である（日本の場合、以下すべて同じ）。また鉄道貨物と内航海運は、トラック（営業用大型）よりも四～五倍もエネルギー効率がよく、$CO_2$排出量も四分の一～八分の一である。自動車による大気汚染物質排出量は、エンジンの形式によって大きく異なるものの、自家用車に比べれば鉄道からの大気汚染物質の排出はゼロに等しいことには変わりない。日本のバスはほとんどすべて高公害のディーゼル車であることから、目立った汚染源となっているが、アメリカやヨーロッパの都市で見られるように、バスをガソリン車あるいはメタノール車や天然ガス車に転換すれば乗用車よりはるかにクリーンな交通（輸送単位当たり）を供給してくれる。

さらに必要とする物理的スペースから見ても、公共交通機関は乗用車やトラックより格段に優れている。乗用車の場合、たとえ一台に四人乗車したとしても、一車線で一時間当たりに運ぶことができる旅客はせいぜい八〇〇〇人程度（スムーズに流れる都市高速道路上）にすぎない。だが、重量鉄道（JR・私鉄）や地下鉄なら五～八万人、専用レーンを走るバスなら三万人、新交通システムや軽快電車（LRT）なら二万人も運ぶことができる。また、走行に直接必要な通路（線路・道路など）だけでなく、停止・操作・管理等に必要なすべての用地を考慮して、各交通手段が必要とするスペースを比較しても、乗用車は鉄道の十倍、バス（タクシーも含む）の二倍のスペースを必要とする。したがってもし自動車に依存するのではなく、公共交通機関を中心とした交通システムをつくり上げることができれば、自動車に占拠された膨大な土地を解放でき、少なくとも道路建設のために毎年多くの住民を立ち退かせたり、都市景観を破壊する高架道路を一生懸命つくるといった馬鹿げた行為は止めることができるだろう。

このように公共交通機関は自動車よりはるかに優れた環境特性を持っている。自動車がもたらす膨大な社会的コストを正しく認識し、それに代わる代替交通手段を模索するなら、公共機関はきわめて合理的で魅力的な選択である。

実際このような認識に立って公共交通機関を大規模に拡充する計画を進めている国や都市が世界中で増えてきている。国家レベルで最も明瞭な姿勢をとっているのは、スウェーデンと統一後のドイツである。これらの国々では交通政策において各交通手段の社会的コストを明示的に考慮する方針がとられており、近年、鉄道に重点を置いた交通インフラ整備計画が策定されている。スウェーデンでは、一九九〇年代を通して鉄道に対し、道路とほぼ同額の投資がなされる計画であり、ドイツでは連邦ハイウエー網の整備資金の一部を鉄道網整備に振り向け、二〇一〇年までに道路よりも鉄道に多くの投資をする計画である（日本における一九九一年度の鉄道総投資は約四六〇〇億円で、道路総投資の約二十三分の一である）。

また、このような政策スタンスの変化にはEC（ヨーロッパ共同体）の交通・運輸政策にもうかがえる。一九九二年に修正された「EC交通インフラ行動計画」では一九九三～九七年の総投資額約四〇〇〇億ECU（約五六兆円）のうち、道路網整備のシェアは三〇％にすぎないのに対し、高速鉄道網（TGV）整備が三八％、在来鉄道および複合輸送（鉄道─トラックによる貨物協同一貫輸送）の整備が二五％のシェアを占めている（現代環境論）。

公共交通の拡充を考えるとき、どこの国でも最大の問題は、建設・整備費用の調達である。しかし、先進国がその膨大な道路整備投資（日本における総道路投資は年間一五兆円にのぼる）のほんの一部と、自動車の社会的コストに対する適切な課税の収入をこれに充てれば、自国内の公共交通機関を十分に整備できるだけでなく、発展途上国における公共交通機関の整備を支援することができるはずである。発展途上国における公共交通機関の荒廃と未発達の責任のいくらかは、自動車交通を重視し、道路建設に偏った援助を行なってきた先進国の経済援助（世界銀行等による融資や二国間の政府開発援助など）にある。

# 第2章　脱クルマ社会に向かう世界

## 一　自動車から鉄道へ

### 際立つ日本の交通政策

交通政策については国よりも自治体で先進的な動きが始まっている。欧米では数多くの都市でそうだが、地球環境問題の解決を目指して世界の都市が連携しようとしている。気候変動に関する自治体サミット（ＩＣＬＥＩ）がそうだ。一九九七年十二月、京都会議にさきだって名古屋で開催されたが、ここではその二年前の会議を取り上げる。日本の政策と世界の都市交通政策の水準の違いが際立っていたからだ。

一九九五年十月二十四日から三日間、埼玉県大宮市で第三回会議が開催された。この集まりには国内の自治体はもちろん欧州、南北アメリカなど世界五十数カ国の自治体代表が参加した。目的は地球温暖化を防止するために世界の地方自治体は重要な役割を果たすことができるので、その方策を検討しようということだった。

その分科会の一つに「交通問題と土地利用」があり、報告者として後で紹介するシンガポールの運輸省の部長やアメリカのオレゴン州ポートランド市、サンフランシスコ市の幹部が参加し、それぞれの施策を紹介した。

共通していたのは自動車交通をどのようにして削減したか、今後削減するかということであった。しかもそれは地球の温暖化が心配されるようになったここ数年のことではなく、一九八〇年代初め以来、長期にわたって各都市が進めてきた実績の紹介であった。また同じ会場では二、三の日本の都市代表も報告したが、環境先進国といわれる欧米の都市と比べて日本の都市交通政策がいかに遅れているかを痛感させられた。

会場全体の熱気を持った討論が示したものは、世界の交通体系が転換し始めているということであった。同時に日本の交通計画は大枠として転換に逆らっているという思いであった。日本の都市交通政策の基本的方向は自動車交通を削減するのではなく、交通量の増加に合わせて自動車道路を整備する、また並行して公共交通の充実を図るという二本柱の政策目標にとどまっていたからである。これでは渋滞の改善には役立っても、健康被害の原因である大気汚染などの公害防止にはならない。

近年、欧州諸国では新しい交通政策を進める国が目立ってきた。従来から個々の都市では見られたが国全体の交通政策の方向が変わってきたのは近年のことである。その特徴は一九七〇年代のクルマ依存社会から脱却して鉄道など公共交通を充実させ、平行して自転車専用道路の建設などにより、環境を重視した交通体系に転換しようという動きである。転換を促した要因は自動車排ガスによる大気汚染・騒音の深刻化などの環境問題と交通渋滞である。

### ドイツは道路計画を縮小

ドイツでは一九七〇年代までは道路建設が交通機関整備の中心であった。だが第一次、第二次オイルショックを体験した後、一九八〇年代には高速道路網の建設だけに集中しないように改め、一九九〇年代にはそれをさらに進めて道路建設よりも鉄道建設を重視するようになった。

一九九〇年に制定された「九〇年代の交通政策」では第一に高速鉄道網の整備を最優先として、次に旧西ドイツにおける必要最低限の道路建設、三番目に旧東ドイツにおける交通全般の新設、整備を掲げていた。そして一九九二年七月に閣議決定された「一九九二年連邦交通網計画」では輸送需要の増大に対処するには、はっきり環境保全を優先するという観点から交通体系を見直すこととした。

この計画では個別の具体的案件についての経済的な費用・便益分析のほかにエコロジー上の基準や競合状態にある交通手段との関係、とくに道路から鉄道への転換の可能性の分析といった地球環境的基準を新たに取り入れて価値判断を行なっている。また、同じ視点から　従来の交通計画では自動車交通の分野が他の部門と比べて不均衡に拡大してきたと公式に認め、過去の道路計画を反省してもいる。今後はそのような方向を転換する、それに替って環境対策上優れた鉄道建設を最優先とし、水上交通にも投資する、との政策を明確に打ち出した。そして道路交通には自動車利用者のコスト負担を大きくする、州や市町村が二酸化炭素排出量の削減のために行なう人口集中地域でのマイカー交通削減政策について積極的に支持する、としている。この結果、一九九二年交通網計画では遠距離道路向け二〇九六億マルク、鉄道向け二一三六億マルクへと鉄道向け投資額が大きくなった。一九八五年交通網計画では連邦遠距離道路向け投資五〇一億マルク、鉄道向け三五〇億マルクであったことと対照的である。すでに計画されていた長距離道路建設計画を縮小して三〇〇〇キロ短縮した。

これまでもドイツの都市では都心部ではマイカーの乗入れを禁止または制限するところが多かった。今後は地球の温暖化防止のためには$CO_2$の排出量を削減するというドイツ政府の国際公約の実施を保障する鍵としてマイカー制限や経済的負担を拡大する政策が取られていく。すでに自動車燃料のガソリン、軽油に対する増税は決められており、その一部を鉄道事業に対する補助に当てることと金額も決まっている(『主要国運輸事情調査報告書』一九九四年、運輸経済研究センター刊)。

ドイツの交通政策の転換のきっかけとなったのは、国内ではフライブルグ市、国外ではオランダ、北欧諸国の環境優先の交通政策の実施であろう。交通政策に限らず環境問題の重要性を認識させ、環境政策の分野でドイツそしてEUの環境共通政策の方向を決めていくうえで大きな影響力を示してきたのはオランダおよびスウェーデンなど北欧諸国であった。その意味では欧州諸国とEUの環境政策を考えるうえでこれら環境先進国といわれる国々の動向は注目する必要がある。

### オランダ・デンマークの方向性

オランダ政府は一九九二年のブラジルで開催された国連環境開発会議の四年前の一九八八年に「第二次総合交通計画」を策定していた。それは二〇一〇年を目標にした総合的な交通計画で、二つの目標を掲げていた。一つは環境保全を最優先すること、二つめは交通の利便性を確保することで、そのいずれを優先するかは環境保全を第一とするとしていた。理由は「持続可能な社会」を維持することが交通計画の基本理念で「現在の世代の人のニーズを満たすために将来の世代のニーズを犠牲にしない」ことをモットーとする。この理念はあとで紹介する一九九七年四月に日本政府がだした「運輸部門における地球温暖化問題への対応方策」の考え方と是非比較して考えてほしい。詳しくは次章で触れる。

デンマークでも同じ方向に向かっている。一九九〇年にすでに世界に先駆けてエネルギー行動計画「エネルギー二〇〇〇」を決めたが、そこでは二〇〇五年までに同国の$CO_2$排出量を一九八八年比二〇％削減することを決め、交通分野では一九九二年十一月、政府は総合交通計画を策定しなければならないとの国会決議により一九九三年に「交通計画二〇〇五」を策定した。

二〇〇五年の交通部門の$CO_2$の排出量を一九八八年のレベルに安定化させ、二〇三〇年にはそ

れをさらに二五％削減することとしている。そのために一九九〇年交通行動計画を作り、

(1) 交通手段別の分担と輸送交通量に対する影響力を行使する。
(2) 自動車交通に代わる代替交通策の促進。
(3) 環境問題の改善。
(4) 交通投資についての新たな優先順位の策定。
(5) 交通調査と計画の格上げ。

を実行する。

交通需要を抑制するのに鍵となる手段は税金であるが、乗用車に対する税金はＥＵのなかで重いほうなので、一九九四年に燃料油に課税をふやすことを決め、一九九八年まで徐々に増額する。一九九八年以降も二〇〇五年まで価格引上げを行なう。鉄道、海上輸送の促進などと併せて道路建設投資の縮小を掲げている。

だが欧州の交通計画に現われたこのような自動車交通から公共交通重視への転換はそれぞれ自国の経験のなかから生み出したものではない。むしろ先行している他国の諸都市の経験から生まれた政策の成功事例から学び取った場合が多い。たとえばオランダの場合はオランダ政府の総合交通計画として体系化されているが、その中身はオランダより遥かに早くから自動車問題に苦しみ、打開策を求めて努力を重ねてきたアメリカのカリフォルニア州の諸都市の政策から多くを採用している。

## 二　脱クルマ社会化はアメリカから

### 最悪の都市・ロサンゼルス

自動車中心の交通体系からの脱却を最初に模索したのは史上はじめてクルマ社会を実現したアメリカであった。クルマ社会は自己矛盾に満ちている。自動車は永遠の乗り物だろうか。その疑問を最初に投げ掛けたのはアメリカでも自動車王国といわれたロサンゼルスであった。

ロサンゼルスは自動車を永遠の乗り物として導入したアメリカでも異例の都市でもあった。一九三〇年代のロサンゼルスは市内、近郊に一八〇〇キロの地下鉄や、郊外電車が走る緑にあふれた都市であった。春にはオレンジが花咲き、秋には果実が豊かに実をむすぶ都市であった。それが一九三八年から一九四四年までに郊外電車、地下鉄そしてバス会社が次々に買収された。自家用車の普及にともないそれら公共交通の経営は赤字となり、姿を消していった。それに替って縦横にはり巡らされた高速道路網が建設されて自動車交通の便利さを全米、そして世界に誇示したのである。地下鉄のトンネルには貫通する鉄塔が立ち、路面電車の線路は自動車専用道路の下に隠れた。だが自動車交通が華やかな便利さを謳歌したのも束の間でしかなかった。郊外と都心とを結ぶ自動車専用道路は往復六車線、八車線であったがほどなく渋滞がひどくなり、高速を競うどころか高速道路入り口から低速運転を強いられるようになり、次いで排気ガスによる健康被害が著しくなっていった。

一九七〇年代のことである。

そのころ明らかにされていったのは一九三〇年代の電車、バスが消えて公共交通から自動車交通中心の交通体系へ転換したのは自動車メーカーなどの策謀ともいえる動きの結果であったことである。ゼネラルモータースが中心となりファイアーストーン、カリフォルニア・スタンダードの三社などによる交通持株会社（ナショナル・シティ・ラインズ社）を設立して一九三八年から四四年まで次々に鉄道会社の買収を進めた。それは自動車を所有しなければ生活できないようにしよう、そのために主な交通手段としての利用されている鉄道を廃止しようとのジェネラルモータースなどの壮大な戦略によるものであった。それまでのロサンゼルス周辺には一九一〇年代からパシフィックエレクトリック社などによる半径七五マイルにわたる世界最大の電車による交通体系が作られていた。それらの鉄道網は年間八〇〇〇万人の旅客を輸送し、ロサンゼルス周辺の経済発展の推進力としての役割を果たしていた。だがそれらはゼネラルモータースなどの持ち株会社に乗っ取られ、その後経営赤字を理由にすべて廃止に追い込まれ、乗用車の市場に替えられていった。同じような方法でアメリカでは五〇以上の都市で路面電車、バスなどの公共交通が買収され姿を消していったという（B・C・スネル著　戸田清など訳『クルマが鉄道を滅ぼした』緑風出版刊）。

その結果、ロサンゼルス市と周辺は頻繁にスモッグの発生する、大気汚染ではアメリカ全土を通じて最悪の都市へと変ってしまった。オゾンや一酸化炭素では連邦の環境基準の二・三倍オーバーを記録している。鉄道中心の整った交通手段を持ち、豊かな自然に恵まれた都市ロサンゼルスはわずか四十年間に大気汚染がひどく不健康な都市へと変貌した。都心部では膨大な面積を駐車場が占めるという異常な景観の都市に変っていった。ノーモア・ロサンゼルスがアメリカの交通政策の合い言葉とさえなっている。

ロサンゼルス市など南カリフォルニア諸都市が進めているのは次の章で詳しく紹介するように自動車交通の削減だが、バスなどの低料金、運転頻度の改善などの公共交通の充実などと併せて、注目すべきことは六十年まえに廃止した郊外電車の復活を一九九〇年から始めたことである。ロサンゼルスの中心部とロングビーチまでの三三キロに新たに線路を敷設しＬＲＴ（軽快電車）を走らせた。次に往復六車線の高速道路の中心部分に線路を敷設してロサンゼルス国際空港近くの駅までの路線、ユニオン駅から郊外のハリウッドまでの地下鉄の新設は一九九九年夏に完成し、ハリウッド郊外の住宅地帯にさらに延長する工事を続けている。

これを次々に延長する計画で、併せて貨物中心の鉄道にも通勤列車を走らせて自動車交通の削減に寄与することにしている。それでも大気汚染が環境基準を満たすほどには改善されず、ＺＥＶ（無公害車）の導入、公共交通への大規模投資による鉄道の拡充などを実施して二〇〇〇年までに一酸化炭素、窒素酸化物の環境基準を満たし、二〇一〇年までに浮遊粒子、オゾンの環境基準を満たす計画である。南カリフォルニアではかつての自動車王国を目指した時代に対する反省が共通の認識となっていて、人間の健康をまもるにはクルマ社会からの脱出をいかに急ぐかが、すでに行政当局と市民のコンセンサスとなっている。

## 三　ロスから学んだサンフランシスコ

きれいにすんだ空、美しい街路と海、これがサンフランシスコを訪れる人の共通の印象だろう。晴れた日でもスモッグにかすむロサンゼルスとは対照的な都市だ。その秘密はどこにあるのか。カリフォルニア州でもロサンゼルス市とならんで日本からの観光客の多いサンフランシスコ市も自動車交通という視点からとらえ返せば良く分かる。ここでは都心部を中心にほとんど公共交通で用事を満たすことができる。都市がせまいこともある。だが周辺の都市とつながっていて、ロサンゼルスのように自動車が渋滞して少しも不思議ではない都市だ。サンフランシスコは人口七二万人、周辺のサンノゼ、オークランドなどサンフランシスコ湾エリアの都市と合計すると六二五万人の都市圏の中心で、金融、商業機能の中枢でもある。ロサンゼルスと共通した交通状況がおきても当然といえる都市だ。

だが公共交通が充実して自家用車による交通渋滞が少ないことはだれでも感じることだ。同じカリフォルニア州でありながらこのような都市を作ったのにはロスと対照的な歴史がある。

ここでは都心部ではムニメトロ（Muni Metro）と呼ばれる路面電車、ムニ（Muni）と呼ばれるバスなどが頻繁に走り、郊外と都心部を結ぶのはＢＡＲＴ（湾岸鉄道）と呼ばれる郊外電車とつながった地下鉄が整備されている。しかしこのような公共交通を中心とした交通体系が出来上がるには市民の側と行政当局、自動車メーカーとの厳しい葛藤の歴史があった。全米各地と同じように一九四〇年代になると自動車保有台数が急激に増加し、それに見合って高速道路の建設計画が一九五一年には始まった。計画道路の数はほぼ一〇路線、東西、南北と市内を縦横に結ぶものであった。ところがその建設計画が一部進行してから市民の間でそれほどの高速道路網をもつことが必要なのか、都市環境と景観を保つことをより重視すべきではないかとの議論が起こり、計画路線は一部開通したが、一九五九年以降その大部分は建設されずに終わったのである。

そして高速道路網に替る交通体系として公共交通を重視する交通計画が実施され、早くも一九七三年には公共交通優先政策が掲げられた。現在その内容は、

(1) 市内、市と周辺部とを結ぶ高速道路の容量を増やさない。
(2) 都心部における駐車場の容量を制限する。
(3) 安全な歩行環境を実現するために公共交通ターミナルを中心とした歩道ネットワークを整備する。
(4) 市内、周辺部との交通需要の増加に対しては公共交通の容量増加により対応する。
(5) 都心部を中心にビルを対象にした交通システム管理プログラムを実施して交通需要をコントロールする。

等である。

こうした基本政策に基づいて具体策が実施されている。その一つが湾岸鉄道の郊外駅での駐車場

の整備による無料駐車場と鉄道利用を結び付けたパークアンドライド、貨物線路を借りての二階立て列車の運行などの実施である。それにも増して注目されるのが交通需要管理を優先する都市計画である。都市交通の需要をいかに抑えようとしても都市機能が拡大して行けば、いずれはそれは行き詰まる。都心部のビルが増加していけば都心部に流入する自動車は増加し、いずれ交通需要は増大してコントロールできる管理限度を超える。渋滞が発生することとなる。

そこで現われたのが一九八五年に策定されたダウンタウン・マスタープランである。ダウンゾーニングという。都心部におけるビル建設面積を規制するというものである。一九八六年にはサンフランシスコ全市でのビルの建設面積を規制して、オフィスビルの供給を大幅に制限することとした。住民投票により、それ以前には年間一七万平方メートルであった建築面積を年間八万五〇〇〇平方メートルに抑えることとした。同市では都市の成長を犠牲にしてもより良い都市環境と交通環境を持続することが大事だとの考え方が一九七〇年代はじめから現われて、何回か住民投票を繰り返してきたが、過半数の支持を得ることができず、一九八〇年代半ばには住民の過半数の支持を得るところまで広がった。その結果がビル建設面積の削減政策となったのである。

サンフランシスコでも連邦、州政府の道路建設計画がそのまま実施されていけばロサンゼルスのような高速道路網と大気汚染に満たされた都市になっていただろう。市民が反対したのは、同じ一九七〇年代のロサンゼルス周辺での連邦政府の交通政策の失敗を目の前で知り、政府の計画に抵抗したからである。そして住民自身が道路計画を再検討した結果、より優れた道路計画を実現していったのである。そのための武器が住民投票であった。サンフランシスコでは道路からビル建築、住宅地の造成など都市成長の全般について住民が主張し、住民は主体として行動するようになっていった。サンフランシスコがアメリカでも有数の都市と自然環境の美しさを保つことができたのは一九七〇年代に始まる住民の力が発揮された賜物であった（交通と環境を考える会編「環境を考えたクルマ社会」）。

図2-1　サンフランシスコ市域における高速道路計画の変遷

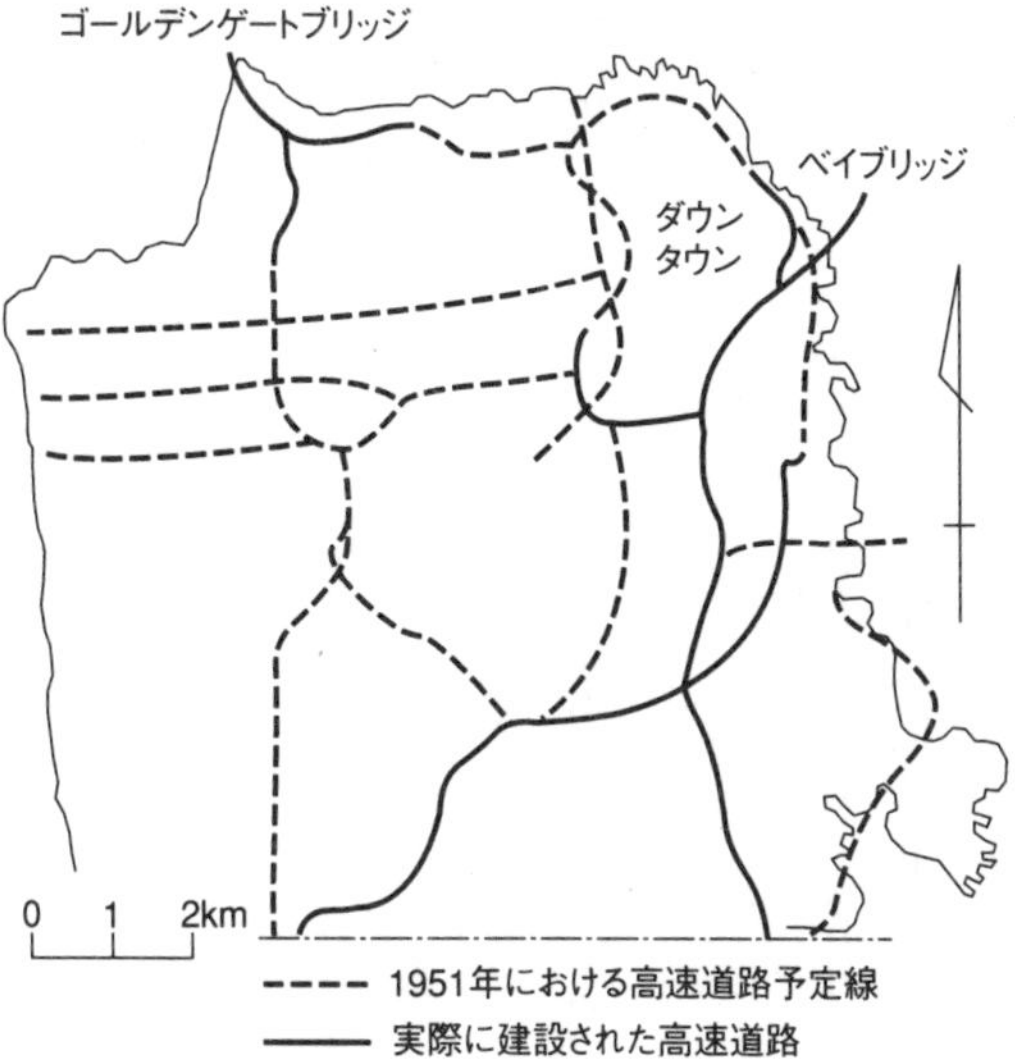


出所）サンフランシスコ市資料『環境を考えたクルマ社会』交通と経済を考える会編、技報堂出版

サンフランシスコ市の実績は都市の交通需要管理から都市そのものの成長を管理していこうという都市成長管理にまで進み出た例であるが、アメリカではサンフランシスコ周辺の都市、郡のローカル・ガバーンメントなど四五〇の自治体が都市成長管理政策を採っている。

ビルの建築面積の制限から人口増加を抑えるために住宅地建設に対する制限などさまざまあるが、共通しているのは、「都市の成長は居住している住民の生活環境にとって好ましいものではない」、住んでいる市民にとって良い環境を守ることが都市の発展や税収を増やすことよりも優先する、という認識である。そしてここでは交通政策や都市政策を決めるのは住民であるとの合意が市民と行政当局とのあいだで成立していることに注目する必要があろう。こうした住民の意思が都市計画を左右できる背景にはカリフォルニア州の住民投票による立法権を保障するカリフォルニア州憲法がある。一九一一年、議員に対するリコール権とともにイニシアチブとレファレンダム権を持つことになり、イニシアチブでは必要な署名数を集めれば議員の頭越しに住民は法律を制定できることになっている。これをサンフランシスコの住民は活用した（W・フルトン著、花木啓祐・藤井康幸訳『カリフォルニアのまちつくり』技報堂出版刊）。

### ポートランド市民の闘い

このような住民の力が行政当局の道路建設計画を大幅に縮小させた例はアメリカでは数多い。だがその後も緑の多い都市環境を保ち続けた上、クルマ社会を越えた都市交通体系を作り上げた都市として取り上げなければならないのが、アメリカ西海岸の都市ポートランド市（人口四三万人）である。一九七五年の環境保護庁の調査では全米で一番住みたい都市とランクされ、緑豊かな、楽しく歩ける市街、それを保つために総合交通計画を実施している都市である。

しかしこの都市もそのような魅力あふれる都市に仕上げるにはサンフランシスコと共通する歴史を体験しなければならなかった。それは連邦政府の高速道建設計画との闘いであり、連邦政府の計画の実行を阻止するために数々の訴訟、直接行動により抵抗を続けたことであった。もともとポートランド市の交通計画は現在の同市からは想像することさえできない高速道路網にかこまれることになっていた。一九七〇年代初頭に発表された交通計画「一九九〇年計画」はポートランドに一六の自動車専用道路と高速道路を作ろうとするものであった。しかしすべての路線が住民の強い反対を受けて法廷闘争に持ち込まれ、廃止、あるいは縮小されて、実際に建設されたのは東部、西部向け、南北を結ぶ三ルートだけであった。当時のゴールドシュミット市長は連邦の計画する道路建設を取り止めて住民の利益に沿った交通政策へと大胆な政策の転換を行なった。一九七二年の都心部計画では次のようになった。

(1) 都心へのアクセスと都心部内での移動にはトランジット（バスと軽快電車）を建設する。
(2) トランジットサービスと雇用を都心のオフィス街に集中する。
(3) 都心部の駐車台数を一九七三年のレベルで固定し、商業地区の長時間駐車スペースを減らし、短時間スペースを増加させる。

こうして都心部に対する流入自動車を抑えて渋滞を防止し、他方では公共交通を充実してその利用者を増加させ、都市環境の保全と都心部のオフィス地区としての機能の充実を両立させた。

この結果、多くの高速道路建設計画は不要となり、一九七四年の六車線あった高速道路・ハーバードライブ（川岸道路）は現在川沿いに広がるウォーターフロント公園として生まれ変わっている。

一九七八年に完成した自動車の乗り入れを制限したバス専用道路・トランジットモール（歩行者

通路とバス・電車だけ）、一九八六年に開業した騒音の少ない軽快電車の路線設置により、それらの公共交通が現在の都心部通勤客の五〇％の輸送を分担する。全般的に割安な料金となっているが都心部のフェアレススクェア（無賃エリア）ではバスと軽快電車は無料となっている。

ポートランド市もサンフランシスコと同じくバンクーバーにも近い人口一五〇万人の都市圏の中心都市である。大気汚染の防止、環境保全をモットーとした結果できたのが、乗用車乗り入れ禁止地区の拡大であり、緑の多い静かなバス、軽快電車を中心とした都市を作り上げた（交通と環境を考える会編、前掲書）。

これらアメリカ西海岸の都市だけではない。都心部を公共交通機関を軸として乗用車の乗り入れ禁止、制限を実施して環境保全を優先している大都市は全米でも数多くなっている。大気汚染を防止して環境保全を求めることが都市共通の政策となっている。ここに上げた三つの都市に共通しているのは、高速道路建設に反対する市民が連邦政府に抗して市民の立場から高速道路に替わる交通体系を作り上げたことである。さらに重要なことは、早くから立ち上がったサンフランシスコ、ポートランドでは一九七〇年代から高速道路に替わる都市交通を計画して、公共交通中心の交通体系を作り上げた。そして一九八〇年代にはすでに自動車交通を制限、禁止し、軽快電車やトランジットモールなど公共交通機関をすでに軌道に乗せており、住民の日常生活に浸透させたことである。

都市部の自動車交通を削減しようとの動きは大気汚染、生活環境、騒音、静穏権の保障といった身の回りの生活環境を保全しようとの要求に根ざしていた。それはまた、七〇年代に第一次、第二次のオイルショックを体験して石油浪費の交通体系に対する反省となり、高速道路建設をふりかざして地域生活を脅かそうとする政府機関に対する抵抗から始まって、都市の環境保全への運動に発展していった。一九七〇年代にはじまるポートランド、サンフランシスコの住民運動がその象徴であったが、それらは単なる抵抗の運動から市民のための交通計画を提案し、市政を動かして、それら市民の要求による交通計画を実現していったのである。アメリカでの成果は同じような自動車交通問題の解決に迫られていた欧州の自治体、政府が積極的に受け止め、一部をさらに発展させた。一九八〇年代までの自動車交通と環境問題の流れは以上のように要約できよう。だが一九九〇年代に入って状況は大きく変わっていく。状況を変える転機となったのは地球の気候変動であり、そのような急激な地球環境問題の深刻化を受けて開催された一九九二年のブラジルでの国連環境開発会議であった。

# 第3章　クルマ社会の放置を許さなくなった地球温暖化

## 一　地球気温上昇を警告する国際機関

### 二酸化炭素排出量を現在の半分に

前章でのべたように早いところでは一九七〇年代、主な都市では一九八〇年代から都心部でのマイカーの乗り入れ禁止を行なってきた。理由は大気汚染の防止や静穏権の確保、路上での住民の生活的権利など地域的な環境保全が目的であった。だが一九九〇年代に入り、条件は大きく変わった。それを象徴するのが一九九二年六月の国連環境開発会議（地球サミット）であった。産業革命にはじまった先進国のエネルギーの大量消費は現代では地球の許容範囲を越えて地球の気象変動を引き起こし、地球全体の気温を上昇させるというのである。化石燃料の大量消費により温室効果ガス二酸化炭素の濃度は上昇して今後の百年間に地球の平均気温は二度前後上昇するというのである。国連環境計画（UNEP）と世界気象機関（WMO）が一九八八年に共同で設立した「気候変動に関する政府間パネル」（IPCC）が数百人の科学者の英知を集めて世界中の研究成果をまとめた上で得た結論であった。

さらに一九九五年十二月に発表された「気候変動に関する政府間パネル」の第二次報告書は、九〇年の第一次報告よりもいっそう科学的知見を深めたうえで重要な警告を発した。

その第一は大気中の$CO_2$の濃度を現在のレベルで維持するためには現在の$CO_2$排出量を五〇％以上削減する必要がある。ちなみに現在の$CO_2$濃度は三六〇ｐｐｍでＩＰＣＣは四五〇ｐｐｍまでの上昇は避けられないとの見方を今回始めて示した。

第二には過去百年間に地球の温度は〇・三～〇・六度上昇しているが、原因は人間の活動によると判断すべき根拠がある。

第三に現状のままであれば百年後の地球気温はもっとも高い可能性として二度、上限では三・五度、下限でも一度上昇する可能性が高い。

第四にそのような事態になれば等温線の移動により地球上の全森林面積の三分の一で植生が何らかの変化を受ける。乾燥・半乾燥地帯で水の循環、水資源に影響する。熱帯、亜熱帯地域で食糧生産が低下し、最貧地域で飢餓の危険が増大する。洪水、高潮、海面が五〇センチ～一メートル上昇し、高潮の被害を受けやすい人口は現在の約四六〇〇万人から九六〇〇万人に増加する。

このような現実に対処するために取り決めたのが一九九二年の気候変動枠組み条約で、二〇〇〇年の二酸化炭素の排出量を一九九〇年水準に安定化させるというものであった。しかし、それでは不十分であり、二〇〇〇年以降は拘束力のある数値化した削減目標を決めなければならないとして開催されたのが京都会議であった。

### 京都会議の目標は

京都会議（気候変動枠組み条約・第三回締約国会議）はこのような地球温暖化の進行を食い止める一歩として先進国全体として二〇〇八年から二〇一二年までの期間内に一九九〇年比五％、ＥＵは八％、アメリカ七％、日本六％の温室効果ガスの削減を決めた。そして採択された京都議定書ではこの決められた数量目標を達成するための方策として運輸部門における温室効果ガスの抑制、削減措置を取ることを明記している（議定書二条七項）。ところがこれまでの実績は一九九〇年の排出量で安定化するどころか大幅に越えている。なかでも自動車交通の部門で大幅に増加している。

## 二　$CO_2$排出削減策を実施しない日本

### 環境税の導入も見送る

日本の二酸化炭素排出量は一九九〇年の三億七〇〇〇万トンに対して一九九五年には三億三二〇〇万トンとなり、わずか五年で八％もオーバーした。（図3―1）条約の規定を守るためには日本は二

図3-1　$CO_2$の排出量の部門別内訳の推移（1990〜1995）

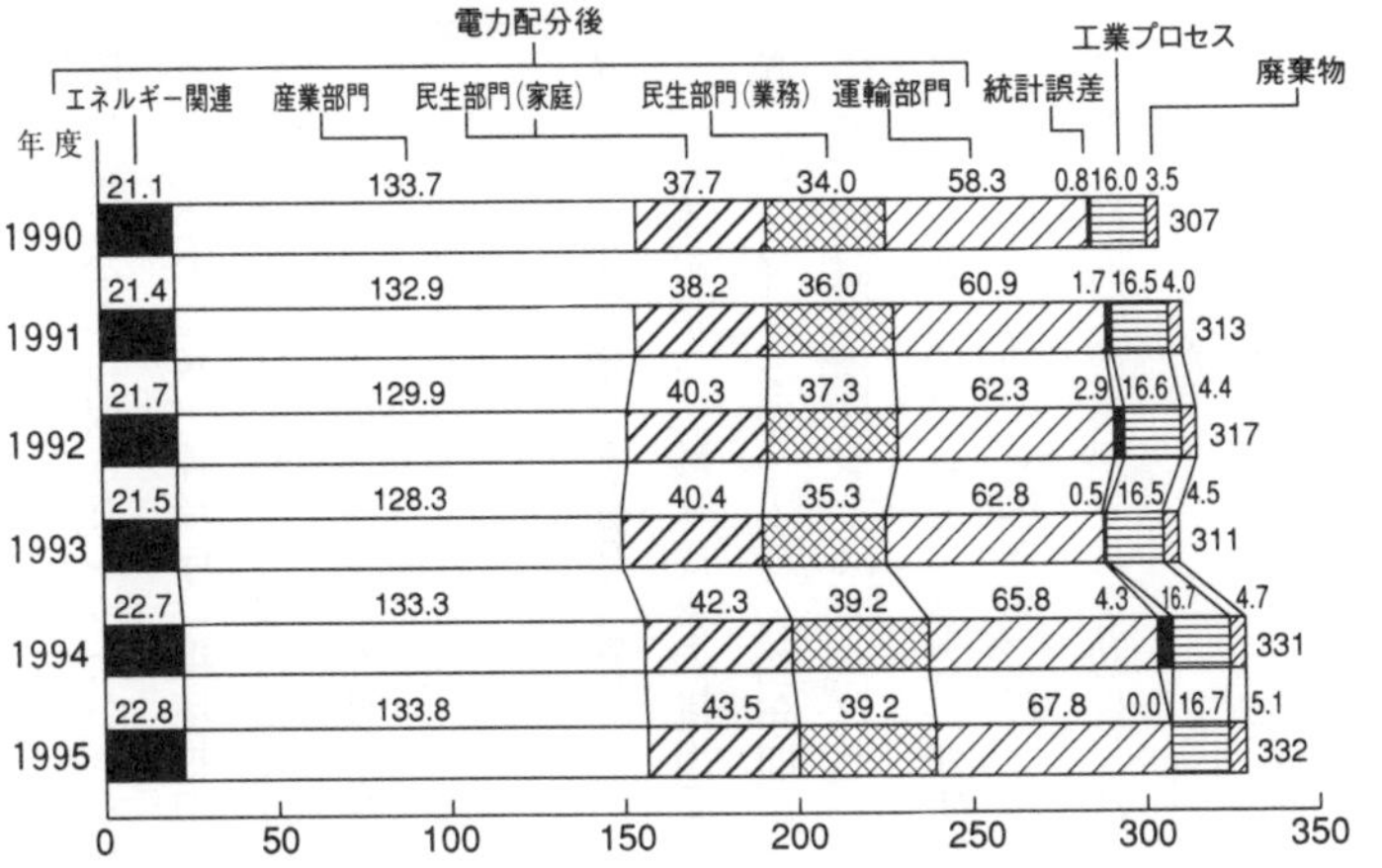

出所）環境庁

〇〇〇年までに二五〇〇〇万トン排出量を削減しなければならず、それは不可能に近い。この結果、気候変動枠組み条約で定めた二〇〇〇年の$CO_2$排出量を一九九〇年水準で安定化するという目標を日本は達成できる見通しはほとんどなくなった。こうした状況を生み出したのは、政府が一九九〇年に閣議決定した地球温暖化防止行動計画の内容に欠陥があったこと、および実際の経済活動では成り行きまかせで同計画はほとんど機能しなかったことによる。事実、一九八〇年代の化石燃料の伸び率に比べて、$CO_2$削減を決めた一九九〇年以降のエネルギー消費の伸び率は大差はない。

内訳を見ると産業部門の排出量はほぼ横ばいであるのに対して、民生用家庭、民生用業務部門および輸送部門の伸びがいちじるしい。産業部門の伸びが低いのは不況が続いている結果であるし、輸送部門、民生（業務）、民生（家庭）部門での伸び率が高いのは$CO_2$削減のための具体策を実際には、なんら取らなかったからである。例えば一九九二年のブラジルでの地球サミットで同条約が締結された後、環境庁は環境税の導入を検討しようとした。しかし経団連の強い反対とそれを受けた通産省の反対で環境税の導入は見送られた。その後も$CO_2$排出抑制の措置は取られないまま、$CO_2$排出増加につながる経済政策が常に優先してきた。経済の分野での実際の行動はすべて経済成長至上主義が貫いてきた。

### エネルギー消費の増加を放任・助長

これまで日本経済は二酸化炭素の排出源である化石燃料の消費量を大幅に削減した経験を持っている。第二次オイルショック後の四年間に日本の一次エネルギーの消費量はほぼ一一％削減した。だがこの条約加盟後、日本ではエネルギー消費量について抑制する意思があるとは思えないほどエネルギー消費の増加を放任してきたのが実態である。なかでも一九九〇年代の円高が進むにつれて輸入依存度の高い石油、天然ガス、石炭の輸入価格が低下したのにともない消費量の増加率は上昇した。これに政府の政策がそれを助長した。自動車交通量を増加することにつながる道路建設が空前の規模で進められた。

オイルショック後の省エネルギー政策と大気汚染防止のために欧米諸国では削減を検討していた道路建設計画でも、一九八七年に決めた第四回全国総合開発計画では日本はそれまでの長期的建設計画を大幅に伸ばして一万四〇〇〇キロに決定した。

一九九〇年の温暖化防止行動計画を決めた後の一九九三年にはじまる第一一次道路整備五カ年計画では一〇次の五三兆円よりも約五〇％多い七六兆円の投資を決めた。全国に一万四〇〇〇キロの高規格幹線道路網（高速道路網）を建設するという計画は変更もしくは延期するのではなく、むしろ実施を繰り上げて進めたのである。

国鉄の分割民営化を実施したのは一九八七年であり、その前後に当時の国鉄は三〇〇〇キロにのぼるローカル線を赤字であるという理由で廃止、縮小したが、これも通勤、通学などの生活交通機関の廃止となり、乗用車の利用を促進させ、化石燃料の消費増大をうながした。

### 自動車は安く流入規制は挫折

自動車生産と販売についても同じである。一九八九年に日本政府は財源難を打開するために消費税をはじめて導入したが、乗用車購入にかぎっては大幅な減税措置を取った。それ以前に賦課していた乗用車に対する物品税を全廃したため乗用車取得者にとっては減税となり、実質的値下げとなった。なかでも普通乗用車の場合、奢侈品としての取扱いをして一九八八年まで販売価格の二三％課税していたが、一九八九年の消費税の導入以降、物品税を廃止して消費税だけの暫定税率六％へと大幅な減税を強行したのであった（表3―1）。このため、乗用車の販売価格は大幅に低下した。自動車からの政府の税収を削減することにより自動車の販売促進に政府は積極協力した。その報酬

**表3-1　物品税から消費税への変遷**

| | 普通乗用車 | 小型乗用車 | |
|---|---|---|---|
| 1973年4月 | 30%(20%) | 15% | |
| | | 小型 | 軽 |
| 1981年4月 | (22.5%) | 17.5% | 15% |
| 1984年5月 | 30%(23%) | 18.5% | 15.5% |
| 1989年4月 | 3%　(6%) | | |
| 1992年4月 | 〃　(4.5%) | | |
| 1994年4月 | 〃　(3.0%) | | |

1.（　）は暫定税率。

出所）自動車年報

として自民党の当時の小沢一郎幹事長は自動車業界に対して五〇億円の政治献金を要求したというオチまで付いていた。

　また、改善する見通しのない大都市を中心とした窒素酸化物汚染の環境基準を達成するために環境庁はNOx削減法を制定した。法案策定のための環境庁の検討会が作成した九〇年十一月の中間報告では$NO_2$の排出削減に効果的な措置が盛り込まれていた。汚染がひどい東京、横浜、大阪の三地域でのNOxの自動車排出総量削減計画がそれで、事業所ごとの排ガス総量規制、使用車種の規制、ステッカー方式による走行規制を含んでいた。だがこの原案は運輸、通産省などの反対によって法案から削除され車種転換だけが生き残った。こうしてドイツなど欧州諸都市ではごく一般的な措置である自動車の流入規制が葬られた。足元での大気汚染防止措置でさえ経済活動に影響する法令はことごとく他の省庁の反対を受け、その多くは不成立に終わった。

　こうした自動車交通への優遇の結果、ガソリン、軽油などの自動車燃料の消費量は一九九〇年に比べて一九九四年には一〇%も増加した。このことが示すように、日本では$CO_2$削減措置は実質的にほとんど取られなかった。地球温暖化防止行動計画は言葉だけで、実効性を保証する法的、経済的、税制的措置をともなった具体的施策はゼロであった。

交通政策全体は関連する利益集団の欲求によりエネルギー多消費をみちびく方向へと突き動かされてきた。高速道路をはじめ道路建設への投資増大、自動車販売促進活動による自動車交通の増加など経済成長政策が優先し、環境政策は後回しにされ、言葉だけで多くの場合、実行は伴わなかった。その結果が化石燃料の消費増加として現われたにすぎない。

**道路整備による渋滞改善は逆効果**

また西欧諸国での温暖化防止計画がそれぞれの部門について数量目標を掲げているのに対して、日本の温暖化防止計画は産業、交通などの分野別の数値目標はなく、項目を並べたに止まっている。燃料の消費増加の著しい運輸部門でみると、

(1) 自動車の軽量化による燃費改善、ハイブリッドエンジンの導入
(2) 電気自動車など低公害車の開発導入
(3) 貨物輸送における鉄道輸送などへの誘導、トラック輸送効率の向上
(4) 旅客輸送における公共交通の利用促進
(5) 道路整備、交通制御システムの整備および高度化

の五項目である。

政府がここで挙げている燃費改善などの自動車個々に対する技術的改良は、公害防止には役立た

なかったことは窒素酸化物対策で立証済みである。個々の自動車の燃費改善が進んだとしても、自動車交通総量の増加により二酸化炭素の排出量は帳消しにされることはだれの目にも明らかなことである。にもかかわらず、それを冒頭に記載している。二番目に掲げた電気自動車などの開発導入は計画制定時から十年を経た二〇〇〇年三月現在、全国の保有台数は僅かに二四〇〇台に止まり、普及する条件が乏しいことは当時から明らかであった。いかにもガソリン自動車に代わり得るかのような扱いをすること自体が欺瞞であり、$CO_2$排出削減の意欲を政府が持っていないことを示すものに過ぎないとの批判があった。

一方、欧州諸国では、$CO_2$を削減するのに有効な施策である、自動車進入禁止や自動車利用に対する課税による自動車交通の削減措置と公共交通機関の利用拡大策が、数多くの実績をあげているが、日本では見られない。

さらに五項目の道路整備を$CO_2$削減のための手段とする考え方は日本の政策当事者の地球環境問題についての意識を示す象徴的な施策であろう。渋滞の解消によって燃料消費量が効率化すれば$CO_2$削減の効果があるという考えであろうが、自動車交通の需要が道路容量を遥かに上回っている現在、道路整備による渋滞改善はごく一時的現象にすぎない。これまでの実績でも道路整備は自動車交通量をさらに増加させ、$CO_2$の排出量を増加させるだけであった。交通部門での二酸化炭素削減のための各施策は、標題のいう「$CO_2$排出量の少ない交通体系の形成」を本気で考えているかを疑問を持たせるに十分な中身である。

## 三　教訓に富む西欧の温暖化防止政策

### 加速するドイツの脱自動車交通

西欧諸国の温暖化防止政策に共通しているのは、それぞれの集団の自発的努力をうながすような社会的合意形成である。企業集団、業界団体の自発的$CO_2$削減努力を誘発するが、そのための手段として経済的インセンティブ、税制度、法規制など総合的な環境政策体系を確立するという方式である。

まず、ドイツのケースを見よう。これまでも主要都市では自動車交通の抑制を実施してきたが、$CO_2$排出削減という新たな目標が加わって交通政策はさらに脱自動車交通へむけて加速された。具体的には次の三点である。

(1)　大量輸送システムの利用拡大、鉄道輸送や水路利用による大量輸送システムの拡大をはかる。このため国際的な通過交通を道路から鉄道・船舶輸送にシフトする、地下鉄・路面電車などの交通機関の魅力を高める、パークアンドライド施設の整備、鉄道と道路、空港などのアクセスを改善して物流効率の向上をはかる、鉄道経営を改善して競争力の強化をはかる。

(2)　道路交通については流路コントロール、速度規制の併用により交通渋滞を改善し、$CO_2$の排出削減をはかる。道路利用の有料化に関するEUの決定を導入し（一九九五年一月施行、従時間制）、次の段階として従ルート制の導入を検討する。

(3)　輸送、なかでも自家用車利用の抑制措置を取る。そして自動車燃料でガソリン、軽油に比べて$CO_2$の排出率の低い天然ガスとＬＰＧの利用を促進するため、それらの税率を三分の一近くにまで切り下げる。また、自動車製造業界は新車の燃料消費量を二〇〇五年には一九九〇年比二〇％削減する（ドイツ環境省資料）。

## 一〇万人の自転車デモ

またオランダでは、総合環境・エネルギー政策としての一九九四年に改定された第二次国家環境政策計画（ＮＥＰＰ2）、および一九九〇年制定の「運輸に関する第二次構造計画」が、日本の温暖化防止政策を考える上で示唆するところが多い。その主な点は、自動車交通削減政策、総合交通政策のなかにおけるマイカーの位置の縮小、自動車利用への制限、乗り入れ禁止、制限の措置、パークアンドライド、都心部の交通手段はマイカー排除、軽快電車、全国的交通手段は鉄道中心へと転換、自転車交通優先のための自転車専用道路の建設、自転車通勤、自動車交通需要の発生を抑制する都市計画の実施である。また、二十一世紀に相応しい乗り物としての自転車の利用を奨励している。これは一九九五年三月の気候変動枠組条約第一回締約国会議のさいに、ベルリンの会議場まえに押しかけたドイツ市民一〇万人の自転車デモに象徴された。

これほどの日本と欧米の環境政策の違いを生み出したものは、温暖化の危険に対する国民的危機意識の相違が挙げられる。それと同時に、温暖化の発生原因である現代の経済システムに対する基礎的認識に大きな相違があるように思われる。欧州だけでなく、地球サミットでの論議とそれに至る議論にも現われていたし、九二年の国連環境開発会議で採択された行動計画であるアジェンダ21のなかにも記述されている。アジェンダ21の次のような指摘は、先進国の消費の在り方の変更を求めるもので、クルマ社会を主な対象としているといえる。環境への負担が大きく、持続可能ではない消費形態の見本として、先進国のクルマ社会は捉えられているようだ。

## 四　アジェンダ21の核心

### 先進国の生産・消費のあり方を見直す

前文で貧困、飢餓、健康状態の悪化、生活の基盤となる生態系の継続的悪化について述べた後、四章として「消費形態の変更」を掲げ、次のように述べている。

「貧困と環境破壊は関連しあっている。地球環境が悪化する原因は主として先進工業国における持続不可能な消費と生産のあり方である。それは貧困と不均衡を悪化させる。世界の一部にはきわめて高い消費形態が見られるが、人類の大部分は基本的消費ニーズが満たされていない。豊かな地域では過剰な需要と持続不可能な生活様式を続け環境に負荷を与えている。他方、貧しい地域では食料、住居さえ満たされていない。消費の在り方を変えるには、需要に焦点を当て、貧困者の基本

的ニーズを満たし、浪費と資源の使用量を削減する戦略が必要である。そのためには、

(1) 生産と消費の持続不可能な在り方の検討。

(2) 消費形態の変更を奨励する政策の策定。

＊エネルギーと資源のいっそう効率的利用の奨励

＊浪費の最小限化

＊持続可能な消費を支持する価値観の強化

が求められる。

それを実現するための行動として、

(1) すべての国は持続可能な消費のあり方を奨励する。

(2) 先進国は率先して持続可能な消費のあり方を達成する。

(3) 発展途上国は貧困者の基本的ニーズを満たし、先進工業国が経験した発展過程での環境に負荷の大きい方法を防止する」

アジェンダ21は締約国政府すべてが承認し、実践することに合意した文書であったために、最大公約数として薄められた表現となってはいる。しかし、現代生活の消費と生産の在り方が浪費的であり、それを見直そうとの政策目標を読み取ることができる。それに先立つ一九九二年四月、地球環境賢人会議が採択した「東京宣言」は次のように謳っていた。

「先進国の浪費的な生産・消費のパターンは途上国の貧困、地球の生態系の破壊と人々の困窮、

収奪をもたらしている。今や現代社会の基礎にあるわれわれの考え方を見直すべきときである。新たな環境倫理、価値体系、開発への新たなアプローチを確立すべきだ。

(1)人と環境と開発との関係の深化、(2)傷つきやすい生態系のもとにある自然の理にかなった行動様式、(3)環境をすべての国々と平等に分ち合い、現在と将来の世代のニーズに見合う行動、先進国が地球生態系に対する負荷の大幅削減から始め、生産・消費のパターンを非破壊的な形に変革し、途上国支援の体制を整備する」(一九九二年四月十七日)

ここではアジェンダ21よりは明確に、現代経済システムの浪費的性格を指摘し、それが発展途上国の貧困と抑圧の根源であると批判している。そのうえで現代人の思想、価値観、および生活のあり方、自然との関係を変化させ、現代の浪費的生産・消費の在り方の変革を呼び掛けた。

こうしたアジェンダ21と気候変動枠組み条約の採択を受けて、ヨーロッパ運輸相会議は翌一九九三年には、「交通政策と地球温暖化」という報告書を発表した。それによると、世界的規模では交通部門からでる$CO_2$排出量の比率は、一九七三年から一九九八年の十五年間に二二・九％から二八・二％に上昇した。交通部門のなかでもヨーロッパでは、その八〇％が道路交通が占める。個人所有のクルマだけで全体の排出量の三分の二を排出する。交通部門はもっとも排出削減の対象として論じられるべき部門である。そのなかで専門家の一人は次のように問題を投げ掛けている。

社会にとって最大の問題は、経済的豊かさと自動車交通量との関係である。現在の自動車交通による繁栄は、将来の繁栄を犠牲にして成り立っている。したがって、自動車交通のなかにある社会的矛盾の解決は、現代社会の束の間の矛盾――現在どれだけ生産し、消費し、汚染しているか。そして、将来のためにどれだけ生産、消費を残し、環境を保全することを望むのか、という事柄――に対する解決でなければならない。

全体としてどのような政策が実行できるかとして、次の五つの方法を挙げている。

(1) 現存の交通手段のよりよい組み合わせ。
(2) 現存する技術の活用。
(3) 技術的方法による特定の交通手段に対する排出削減。
(4) より破壊的でない交通手段への転換。
(5) 交通、運輸量の削減。

これらにより地球温暖化を防止できるとしている。しかしそれを実行するには次のような障害がある。

(1) 交通・輸送量を増やそうとしながら、他方では環境に不適切な輸送手段を生み出そうとする経済自由主義との抗争。
(2) 騒音、地域的大気汚染を減少させることを不利益と見なして、燃料消費の増加へと誘導する経済システム。
(3) 自動車のサイズ、重量、馬力の大きさ、スピードの早さ、走行距離を増加することを好み、環境保全に有益なことを好まない消費者行動。

こうした技術問題でない、経済分野の障害をどのようにして克服するかが鍵となるだろう、と専門家はヨーロッパ運輸相会議に対して提言した。

そして翌年一九九四年にはヨーロッパ運輸相会議は「道路の環境影響評価」「都市道路の使用に対する料金の徴収」という環境保全の立場からの道路利用の在り方を分析して、道路政策にも提言している。ここで紹介したようなOECD、ヨーロッパ運輸相会議の交通に関する環境報告は部分的ではあるが、欧州諸国の政策として生かされている。

## 五　$CO_2$削減に積極的なEU

### 気候変動と交通の調査・研究

EUは$CO_2$削減について少なくとも日本よりは検討し努力しようとしてきた。気候変動枠組み条約が成立する前の一九八九年に、すでにヨーロッパ運輸大臣会議は、「交通と環境についての決議」を採択していた。そのなかで交通部門で発生する温室効果ガスを削減するため、多様な方法に着手すると謳っていた。

それに基づき一九九二年には、交通と環境問題の専門家によるセミナーを開催して政策担当者の政策作業に寄与するための報告書を出した。OECD発行の「交通政策と地球温暖化」がそれである。そのなかで世界の交通部門からの$CO_2$は過去に大幅に増加し、さらに増加し続けている。なかでも増加が著しいのは乗用車からの$CO_2$で、その分野での削減策の検討がもっとも重要な課題である、と指摘していた。

ＥＵではヨーロッパ運輸大臣会議を一九五〇年代から組織し、長年にわたり、共通の交通問題についての対処策を検討し、実施してきた実績がある。近年は気候変動と交通との関係についても研究、調査を進め、その結果を政策として提案している。一九九四年には、「交通の社会的費用の内部化」を出し、またＯＥＣＤの国際エネルギー機関（ＯＥＣＤ／ＩＥＡ）はエネルギーと環境問題シリーズを発行している。「自動車と気候変動」（一九九三年）、「道路の環境への影響に関するアセスメント」（一九九四年）などの報告書を出し、政策提言を行なっている。そこで興味深いのはオランダ、ドイツなどが実施している施策と同じ方向の政策提言が多いことである。例えば「自動車と気候変動」では「交通市場に対する政策的介入」により温室効果ガスを削減する具体的方策として、次の表を掲げている（表3―2）

これは研究を積み重ね、特別の経済的負担なしに$CO_2$排出削減を実現できるとの結論を出した共同政策メニューである。$CO_2$排出削減の動きについて一般には報道されず、それらの文書の日本語訳もない日本ではきわめて唐突な政策として受け止められる状況であるが、欧州では$CO_2$排出削減についての研究が進んでいた。それらの結果を示すのがこの提言である。

西欧諸国では、自動車からの排出量対策が$CO_2$問題の主要なテーマとなるのは当然とされ、自動車交通を軸とした今日の交通体系の変革が論議されるのは、ごく当たり前の事であった。そうし

表3-2　乗用車交通量に影響を与える諸施策

| 施策分野 | 経済的施策 | 法的規制 |
|---|---|---|
| 車両増加 | 乗用車入手権に対する料金<br>自動車購入税<br>燃料税<br>年間保有税<br>駐車料金<br>道路使用料、または走行距離費の徴収 | 年間販売割当て台数<br>個人所有制限（総数規制または駐車場のない車は保有できない）<br>決められた都市エリアからの車締め出し<br>指定された車、業務用車の交通制限<br>駐車場への台数制限<br>道路整備しないことによる道路混雑増大<br>自転車、歩行者用の道路整備 |
| 車両対策 | 自動車サイズ、馬力、燃料消費量による自動車購入時の税金、リベート格差<br>燃料税での格差制定<br>燃料効率によるメーカーに対する優遇策または基準以下のメーカーへの経済負荷 | 燃料基準の制定<br>排気ガス基準<br>車体重量に対する最大馬力の設定<br>基準を越えたカーメーカーに対するペナルティー<br>車両サイズごとの年間販売台数割当制度 |
| 単位排気ガス規制 | 基準合格路に対する経済的便益供与、基準不合格車へのペナルティー<br>エンジン容量別、燃料効率別の年間登録税制定<br>カーメーカーに対する燃料効率基準達成奨励金、未達成に対する負荷金 | 車両稼動実績の評価基準制定（例：燃料効率合格の耐用年数）<br>車体重量に対する最大馬力の制定<br>運転車に対する研修の義務化<br>旧型車の早期廃車の義務化<br>燃料効率の悪い車に対する車検制度 |
| 車両使用上の対策 | 燃料税<br>年間走行距離別の保険制度の導入<br>駐車料金<br>道路使用料金制度または走行距離料金制度 | 車両の使用規制の設定（例：ナンバープレートによる奇数、偶数による走行許可制）<br>特定の地域への自動車進入禁止<br>選定車、業務車の走行規制 |
| 燃料対策 | 排気ガスの排出量別税金制度の制定<br>代替燃料開発への経済的便益供与<br>燃料品質向上についてメーカーへの経済的便益供与 | 燃料の品質基準の制定<br>排気ガス基準の制定<br>基準不適格へのペナルティー |

出所）CARS AND CLIMATE CHANGE OECD／IEA編

たＯＥＣＤやＥＵの全体的潮流と関連して、ドイツ、オランダの環境政策をとらえれば、両者の関連が理解できよう。興味があるのは、乗用車交通量に関連する項目では、乗用車交通の削減を目標としており、自動車保有の抑制、自動車使用の抑制のための施策を具体的に列挙していることである。この結果、五章で取り上げるシンガポールの施策を高く評価することとなっている。自動車保有を抑制するために、自動車入手権に料金を賦課する制度、自動車購入税、年間保有税などは大部分をシンガポールが厳しく実行しており、自動車使用に関する道路使用料金制度もすでに同国は導入している。

このような制度についてＯＥＣＤ／ＩＥＡが検討していることの意義は決して小さくない。ＯＥＣＤは先進国を網羅する組織であり、ＩＥＡはそのエネルギー政策に関する責任を負う部門であるからである。ＩＥＡの事務局長は「自動車と気候変動」を発表するに当たって、次のように述べている。

「一九七三年にＩＥＡが設立されたとき、運輸交通部門はＯＥＣＤの最終エネルギー消費量の二五％を占める程度であったが、一九九〇年にはその三分の一を占めるほどに増加した。近年、輸送部門の環境に対する影響についての関心が高まっている。とくに地球温暖化について憂慮されている現在、アメニティ、移動の自由を確保しながらクルマが引き起こす社会的、環境的諸問題に対処することは各国政府の課題となっている。ＩＥＡ加盟の諸国はこの問題に幅広く取り組んでおり、一九九一年六月のエネルギー閣僚会議では、各国の運輸交通閣僚、各国の産業界とともに燃料効率

図3-2　ガソリンの価格と税金

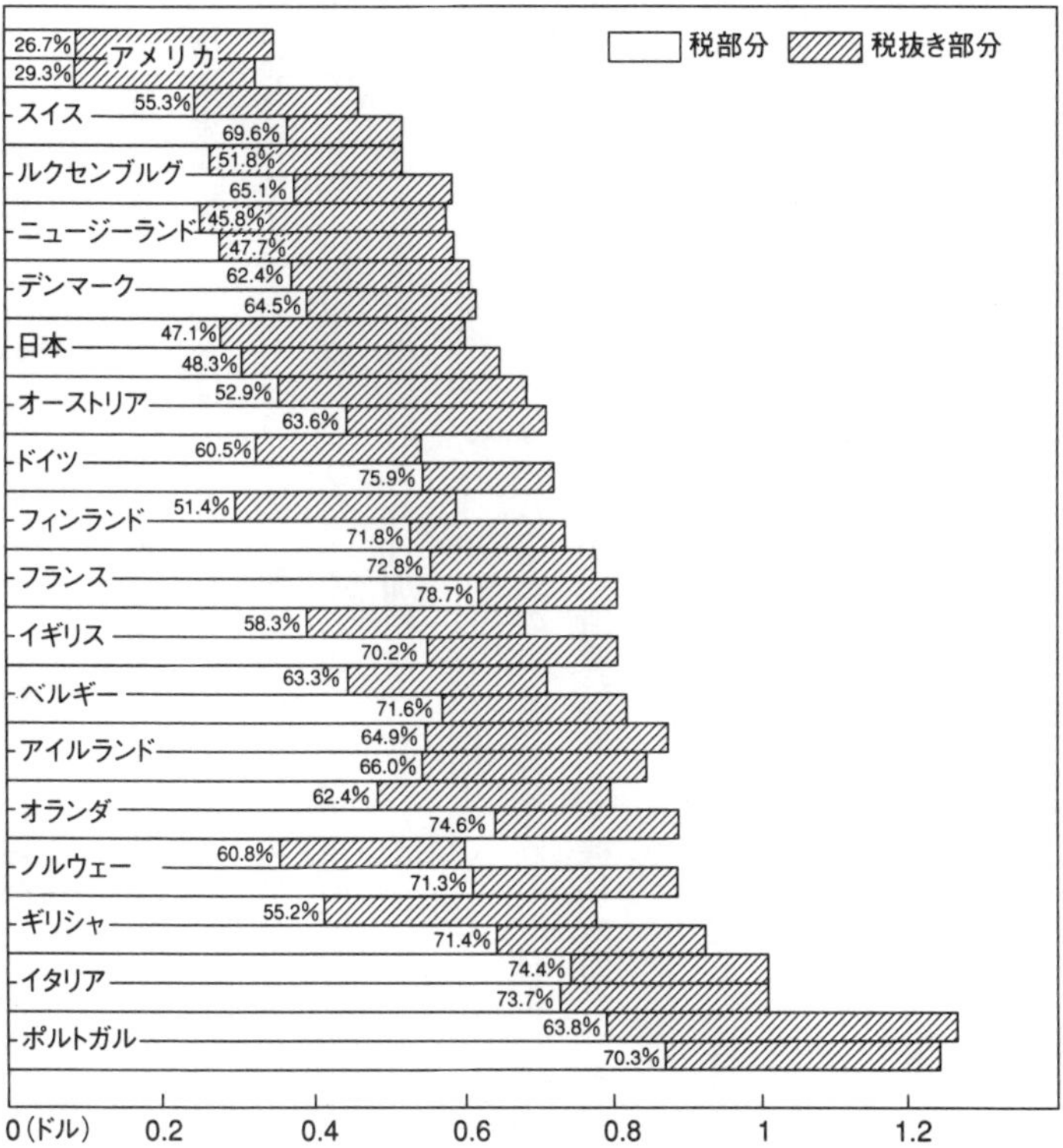

出所）OECD編「環境税実施戦略」1996年

の高い車両の開発、公共交通のよりいっそうの活用、貨物輸送の道路から鉄道への移行を奨励することを決めた」

そのIEAが温室効果ガス削減のために自動車交通削減や、自動車の保有抑制の施策として、シンガポールに近い施策を提示したことは、注目されることである。

このほか欧州では交通体系を変革しようとの立場からの数多くの研究と提言が出されており、一部はすでに実行されている。自動車税がそうだ。これまでも乗用車の取得と使用に関する税金は高かった。例えばドイツでは乗用車取得に対する付加税は一五%、イギリス、オランダでも車両価格の一七・五%、イタリアでも一九%、デンマークでは三万四四〇〇クローネまでの乗用車には一〇五%、三万六〇〇〇クローネ以上の車には一八〇%の税金が課される。日本では、一九八九年までは前に述べたように二〇%以上の税率であったが、消費税導入を機に六%に、その後三%へと大幅減税された。

一九九六年にはOECD理事会の承認のもとに、財政委員会と環境政策委員会は合同で「環境税実施のための戦略」という報告書を発表した。環境税は幾つかの国で採用されているし、環境保全という目的実現に寄与している。だが効果的に実施するには政治的、経済的、社会的問題が残されている。それらをどのようにして克服するか、環境税をどのような使途に当てるか、環境税の導入を支持する立場から財政、環境政策担当者に提言を出している。そこでは自動車と自動車燃料に対する課税システムを積極的に評価している。欧州諸国は、ガソリン、軽油価格の中で占める税金の比率が高く、日本はOECD加盟国のなかではアメリカに次ぐ低い比率となっている（図3―2）。まだ政策研究の段階ではあるが、環境に負荷をかけている商品などに環境税をかけて、その収入を環境対策に用いようとの傾向は強まっている。

# 第4章　欧米で進行する自動車交通削減

## 一　アメリカ交通政策の変化

### 交通システム管理（ＴＳＭ）の限界

これまでの日本の交通政策では、増加する自動車交通の需要に対応してできるように、道路を建設することに重点を置いてきた。渋滞がひどくなれば、打開するのに〝道路建設を急げ〟と叫ばれてきた。既にある道路容量の範囲内で、いかに交通需要をコントロールするかという考え方はほとんどなかった。自動車交通需要の発生を規制、誘導によって低減しようという政策もなかった。

一方海外の動向を見ると、アメリカでは、一九五〇年代から幹線道路網の整備を行なってきたが、オイルショックを契機に既存道路の有効利用に重点が移ってきた。一九七〇年代から環境やエネルギー問題について認識が高まったからである。バスレーン、ＨＯＶレーン（相乗り車専用レーン）の設置や交通制御、パークアンドライド等の交通システムマネージメント（TSM）を推進するようになった。その後、環境政策と省エネルギー政策が強化されるなかで、オフィスの郊外化の進展による新たな交通問題などが顕在化し、交通システムマネージメント（TSM）だけでは交通問題の解決ができなくなった。そこで一九八〇年代になると、一人乗りマイカー通勤者の削減など、交通需要そのものをコントロールしていこうとする交通需要管理政策（TDM）が推進されるようになった。さらに近年、土地利用や都市計画（特に成長抑制を企図した成長管理政策）を含んだ総合的な交通政策が多くの都市で推進されてきている（「都市交通問題の処方箋」建設省都市局編）。新しく交通需要管理（TDM）を用いた交通渋滞・大気汚染の改善が大きな課題になってきた。ここでは、「クルマ社会」先進国アメリカにおいて、深刻な大気汚染問題を解決するために、どのような制度の改革が行なわれているかを紹介する。

### 総交通量の削減と財源プログラム

アメリカでは、広域的な大気汚染改善や渋滞緩和が交通計画の重要な目標の一つとして位置づけられるようになった。もっとも大きな変化は、環境庁が立案し実現した大気浄化法改正（CAAA一九九〇）である。この大気浄化法は、総交通量（台・マイル）を目標水準にまで削減するために、環境基準の達成状況が「かなり悪い」あるいは「極度に悪い」と認定された行政区に対し、特別な交通規制手法（TCM）を採用し、雇用者一〇〇人以上の企業主に通勤自動車の平均乗車人員を二五％増大させるように要求することを義務づけた。この交通規制手法の中心は、交通削減条例、勤務時間の変更、広域相乗り促進、駐車マネージメント等、利用者の行動変化を促す交通需要管理手法である。また、大気汚染の著しいカリフォルニア州では、達成基準をより厳しく設定するなど、州独自の法律も制定している（表4―1）。

次に、運輸省は、一九九一年十二月に制定した総合陸上交通効率化法（ISTEA、通称アイスティ）において、大気汚染改善策の実行を担保する財源プログラムを新設した。六年間で総額一五五三億ドルを投資する計画の中で、大気汚染改善に用いる財源のフレキシビリティを高めた。主なものは、大気改善計画、陸上交通プログラム（SIP）、全国幹線道路システム（NHS）、渋滞緩和と大気の質（CMAQ）である。州と地方自治体は、陸上交通プログラム（一三九億ドル、八〇％連邦補助）をよりクリーンな大気にするためのさまざまな方法に投資できる。

## 需要追随から需要管理へ

増加し続ける自動車の交通需要を受け入れる、モビリティ重視の交通体系を目指してきたアメリカの交通計画は、大気汚染、道路渋滞という副産物の広域化、深刻化によって、環境負荷を押さえ、その範囲内で交通需要を受け入れるという環境重視の交通計画へ転換する途を歩み始めた。具体的には、アメリカでは九〇年代に入り環境、特に大気の質の改善計画のない交通計画は、財源を得られないという仕組みが作られたのである。計画された交通体系がいかに大気の質を悪化させないか

表4-1　アメリカにおける交通削減条例

| | アリゾナ州ピマ郡 | カリフォルニア州<br>南部大気汚染管理地域 |
|---|---|---|
| 対　象 | 従業員100人以上の雇用主 | 従業員100人以上の雇用主<br>（1988.6〜500人以上<br>1989.1〜200人以上<br>1990.1〜100人以上） |
| 目　的 | 通勤目的の車以外の利用量増加、あるいは車の走行台キロの減少<br>1年目　15%<br>2年目　20%<br>3年目　25% | 〈排ガス量の削減〉<br>朝6時―10時の通勤自動車の平均乗車率（AVR）に地区別目標を設定<br>中心部　1.7<br>周辺部　1.5<br>郊外部　1.3 |
| 要求事項 | ・従業員への情報提供<br>・従業員通勤実態調査<br>・交通削減計画立案と提出 | ・交通削減計画の策定・提出<br>・ＡＶＲの現況と目標<br>・インセンティブ一覧<br>・実施計画のレビュー再提出 |
| 責任者 | ・コーディネーター指名 | ・コーディネーターの任命・教育 |
| 罰　則 | 義務内容不履行に対して、最高250ドル／日の罰金 | 計画策定・改定の不履行とインセンティブの不履行に罰則<br>（違反は1%弱）<br>実績最大 35,000ドル／年 |
| 成　果 | 1989―1991で車以外の利用量29%上昇 | AVR1.13→1.26<br>13%が目標達成 |

出所）「アメリカ交通計画の変革に学ぶ」日本交通政策研究会編

証明しなければ予算がつかないという建て前である。それを定量的に示すための分析手法の開発や個々の開発者や雇用者に企業に通勤してくる人の車利用を削減させる計画（トリップ削減計画）の立案と実施を義務づける条例が制定されている。また、クリーンエアアクトや陸上交通効率化法などの連邦政府の制度が変更され、実施されている。

アメリカの交通計画の歴史を見ると、需要追随型の交通計画の問題は、すでに一九五〇年の都市地域での高速道路建設の反対運動として現われており、道路交通計画の見直しや、高速道路の財源を用いての一般道路の整備などが行なわれてきた。

また、ロサンゼルスオリンピックの開催に伴う大規模な交通管理を実施し成果をあげた経験は、自動車需要を削減することのできる可能性を示す事例となった。無論、全体的に見れば交通需要の伸びにより幹線道路網は建設されてきたが、一九八〇年代後半には、人口の郊外化と自動車台数の伸びに加えて、十分な交通施設のない地域に大規模な交通発生源が出現し、新しい型の渋滞状況も生まれた。行政当局は、市や州の条例（TRO）により、一定規模以上の企業に通勤利用の自動車台数を減らす計画の提出を義務づけてきた。もっとも、有名なものは、南岸大気保全局の規制XVで、広域的な交通削減条例としては、初めてのものだ。

このような流れを受けて、アメリカの交通計画は一九九〇年代に入り、国民のモビリティニーズを満たすとともに、大気の質を改善し、交通渋滞を緩和することを求めた交通改革を目指している。その背景には、大気汚染に対する自動車の排気ガスの寄与率が上昇し、自動車交通量の削減が改善の主たるターゲットとなったこと、また渋滞の緩和策として、道路の建設や拡幅という手法の限界が明らかになってきたことがある。

### 環境対策の陸上交通プログラム

この対策として、アメリカの交通計画のシステムは変化する。まず一九九〇年には、大気浄化法（CAAA）が改訂された。これは連邦大気基準の未達成地域に関して、交通需要管理（SIP）、交通規制手法（TCM）といった従来からの計画手法に加えて、交通計画プログラム（TPP）と交通プロジェクトが負う責任を重くした。一方、一九九一年には、六年間の陸上交通についてのプログラムと連邦政府の支出計画、総合陸上交通効率化法（ISTEA）が制定された。これは、新しい枠組みで陸上交通プログラム（SIP）を組み直したものであり、大気汚染防止のため汚染物質の排出規制を厳しくした。大気浄化法にも対応しており、大気の質を改善する責務を実行するための新しい財政的な枠組みも制定されている。

州際道路と幹線道路からなる全国幹線システム（NHS・ナショナルハイウェイシステム――一二〇億ドル、八〇％連邦補助）については、州は全国幹線システム予算の五〇％までを陸上交通プログラム（SIP）に振り替え、環境対策に支出できる。渋滞緩和・大気改善プログラム（CMAQP――六〇億ドル、八〇％連邦補助）は、連邦の大気環境基準を達成していない地域に関して、バイパス道路の整備を含む交通規制手段を補助する。相乗りを奨励し、一人乗り自動車（SOV）交通を抑制するため、一人乗り自動車レーンを増設するプロジェクトは認めない。なお、未達成地域のない州では陸上交通プログラムと同様に予算を支出できる。なお、大気浄化法による州と自治体の交通大気改善計画の役割増に対応し、財源規模を増加させている。

大気浄化法と総合陸上交通効率化法は、大気汚染の激しい地域の自治体が、大気汚染改善を交通計画の主目的の一つとして位置づけ、追加予算が投入できるように措置している。その結果、交通規制手法の中の交通削減条例を制定する自治体が増加し、公共交通や相乗りにシフトした交通計画が立案されるようになった。例えば、サンフランシスコ湾岸の九郡の交通計画を立案する行政機関（MTC）が一九九二年九月に策定した交通改善計画は、陸上交通プログラムと渋滞緩和と大気汚染の質を考慮し、予算のかなりの部分を環境対策に支出している。

自動車依存社会を転換しようとする観点から見た総合陸上交通効率化法のもう一つの役割は、連邦政府の財源配分を柔軟化したことである。従来は道路建設だけに用いられてきた資金を公共交通などに転用することができることにした。公共交通に対する予算配分が四〇％増加したことに加えて、州や都市自治体の裁量によって公共交通、自転車・歩行者道路の整備に使用できることとした。

一九九一年に成立した総合陸上交通効率化法は六年間の時限立法であった。九七年の期限切れ以降の対策が求められていたなかで、九八年六月に成立した「二十一世紀に向けた交通均等法」（TEA―二一）」が総合陸上交通効率化法の後継法である。TEA―二一では環境重視、公共交通重視の姿勢はいっそう強まっている。総合陸上交通効率化法では財源全体のうち、道路建設予算の比率はほぼ一〇％であったが、ＴＥＡ―二一では五％に低下した。反面、財源全体での公共交通予算の比率は、総合陸上交通効率化法ではほぼ一六％から、ＴＥＡ―二一では二〇％近くに増加した。道路交通に対する鉄道などの公共交通を重視する政策は、資金投入の比率で明らかだ。

### 交通需要管理と交通量削減

交通需要管理の特徴の一つは、交通需要追随型の道路建設に対して、道路の容量に合わせて交通需要を管理しようとする発想への転換にある。ゾーニング規制や、近年の成長管理にも見られることの考え方を、もっとも反映した交通需要管理手法が交通削減条例（ＴＲＯ）である。これは、州や市の条例によって、大規模の企業に対して、自動車交通量の削減目標を設定し、それを達成するための計画の立案と提出を義務づけるものである。この発想は、交通量の削減を求めるのとは逆に、開発者に応分の道路整備や負担金を求める交通インパクトフィー、都心部の駐車場整備の代わりに負担金を支払う駐車負担金制度と共通したものである。

交通削減条例は、市単位で渋滞緩和を目的とするケースが多いが、最近は、州や郡など広域的な渋滞緩和や大気汚染改善を目的とする条例も制定されるようになった。

交通削減条例の規定する要求事項としては、

① 従業者の通勤実態調査

② 従業員への情報提供（年報、採用時、常設）

③　企業内コーディネーターの指名（小企業は除外）

④　交通削減計画の立案（自治体へ提出）

などがある。コーディネーターは企業側の交通削減計画調整者であり、①、②、④に加えて計画の実施のため、交通事業者との調整、相乗りマッチング、駐車場の割当、徒歩・自転車利用者のロッカー整備などを行なっている。

また、これらの交通削減計画の具体的手法の選定は、企業にゆだねられており、自治体はそのメニューを提示する（メニューアプローチ）。自治体の役割としては、

①　企業内コーディネーターの教育

②　啓蒙・宣伝資材の作成

③　交通削減計画マニュアルの作成

④　交通削減条例の執行と改訂

⑤　実施状況のモニタリングと報告

⑥　交通削減モデルプランの作成

などがある。そして、雇用主に自動車台数の削減計画を作ることを義務づけ、実施状態を報告させることになっている。また、条例制定時の注意としては、企業の賛同を得るために数カ月の説得期間を用意する。財源確保の方策としては、一般財源に加えて、企業の提示計画の審査料金あるいは、駐車場関連収入を活用している事例がある（「アメリカ交通計画の変革に学ぶ」日本交通政策研究会）。

## 二　ロサンゼルスの大気汚染と交通削減策

### 通勤自動車削減条例の効果

第二章で述べたようにロサンゼルスは、交通渋滞の慢性化と大気汚染が年々ひどくなっていることで際立っていた。ロサンゼルス地域では、二酸化炭素排出量の約八八％は自動車によるものであり、連邦および州の環境基準を満足するためにはピーク時自動車交通量の三〇％を削減することが必要であり、これは約三一二万台の通勤交通に相当する。

こうした最悪の状況を打開するために、通勤自動車削減条例が一九八七年十一月に定められ、一九八八年六月から実施されている（ただし、一九八九年の前半まではほとんど実行されていなかった）。条例の基本的な内容は、地区特性に応じて定められた通勤での自動車利用台数の削減目標値を達成するための計画（通勤自動車削減計画）の策定を事業所に義務づけるものである。一人乗りのマイカー通勤をできるだけ少なくし、公共交通機関や相乗りへ転換させることによって自動車の総量を減らすことを目的としている。

通勤自動車削減条例では、通勤での自動車の利用状況を示す指標として平均乗車率（ＡＶＲ）を定義している。ＡＶＲは平日（月曜日から金曜日）の午前六時から十時までに出勤する従業者数とその通勤のために使用される自動車台数の比率を示した指標である。

目標とする平均乗車率は地域の特性に応じて異なった値を設定しており、公共交通のサービスレベルが高く、同時に交通発生密度の高い都心部ほど厳しくなっている。ロサンゼルス都心部の一台当たりの乗車人員は一・七五人、周辺地域では一・五人、その他一・三人である。この基準は例えばロサンゼルス地区であれば、午前六時から十時に出勤する従業者数一〇〇人当たり、相乗りや公共交通などへの転換によってマイカー通勤自動車を五七台以下にしなさいということであり、都心部ほどその目標基準値を厳しくするものである。対象とする事業所は、従業員一〇〇人以上の企業である。

目標達成のためにさまざまな方策が企業ごとに行なわれているが、一般的にはカープール（乗用車に複数が同乗して通勤すること）やバンプール（バンに複数人が同乗して通勤することをいい、通常、会社や組合がバンを貸し出している）等の相乗り政策が中心であり、その相乗りを支援するような帰宅保証制度（相乗りで同乗してきた人が急用で家に帰る場合には、レンタカーの無料貸し出しやタクシーの料金補助などを行なう制度）や相乗りをする人への駐車場や料金の優遇策を行なっている企業が多い。

### 規制の効果と今後の課題

規制対象企業数を従業員規模別にみると、二〇〇人未満の企業が全体の六割を占め、五〇〇人未満で全体の約八六％を占めている。ただし、従業員でみると従業員規模五〇〇人未満で五割弱を占めるに留まっており、大規模事業所の影響が大きい。

初年度の平均乗車率―AVRは圏域全体で一・二〇人であったが、二年後には一・三一人と〇・一一ポイント上昇し、年間四・五三％の伸びとなっている。従業員規模別にみると一〇〇〇人から二五〇〇人の従業員の企業で年間一〇％近くAVRが上昇し、一・四三人と最も高くなっており、着実に目標に近づいていることがわかる。これらAVRの上昇分を自動車台数に換算すると、一年当たり約五万四〇〇〇台が削減されたことになり、これは二九事業所分の交通量が削減されたことに相当する量である。一方、企業が費やした年間の総費用は一億六二〇〇万ドル（二〇〇億円）であり、従業員一人当たり年間一万一〇〇〇円の費用がかかっていることになる。

次に一人乗り自動車利用者がどの手段に転換したかをみるために、実施二年目の利用交通手段を一年目と比較する。相乗り自動車の利用が二一・三％と前年と比べ一・三倍に増加しているのに対して公共交通利用者率は全く変化していない。一人乗りマイカー通勤者は公共交通機関へ転換したのではなく、そのほとんどが相乗りに転換したといえる。これは、ロサンゼルスの公共交通機関事情を考えるならば当然の結果といえる（『環境を考えたクルマ社会』交通と環境を考える会編、技報堂出版）。

以上、連邦政府は自動車による環境悪化と渋滞を緩和するためさまざまな法律を作り、施策を実施してきた。その結果どれだけの成果がえられたかについては見方が一致してはいない。ただ言えることは便利さを最優先してきた道路交通政策から、便利さと平行して大気汚染など環境悪化を防止する方向へ連邦政府の政策が転換せざるを得ない状況になっていることだ。

## 三　欧州諸都市における自動車交通の削減

### ＬＲＶの登場とＴＭ、ＬＲＴの整備

ヨーロッパの都市の多くは、古い街並を残し、中心部の街路は狭い。建物の多くは駐車場を有していないため、自動車交通の増加にともない、走行する道路面積および駐車スペースが不足し、歩行者の安全も脅かされるようになってきた。このため、いくつかの都市では自家用自動車の市中心部への乗り入れ禁止を行ない、バスや路面電車を利用するように、郊外のバス等の結節点への駐車場整備、割り引き運賃の導入などさまざまな施策を取り入れている。

地下鉄建設には莫大な投資を必要とし、さらに歴史的遺物が埋設されていることもあり、地下鉄を整備するには限界がある。幸いにして、ドイツやスイスでは路面電車が温存されているので、それらの部分的地下化や近代化により新しい交通機関として整備することが可能であった。

一方、比較的早い時期に路面電車を廃止したイギリスやフランスでは、地下鉄や新交通システムの建設が一部大都市で進められた。しかし、それらは輸送需要および建設コストの面で、中小都市の交通機関に適しているとはいえない。このため路面電車のイメージを払拭した新しい交通機関としてレクリエーショナル・ビークル（ＬＲＶ）が登場した。

欧州では、外周を城壁で囲んだコンパクトな市街地が形成されており、都市内で新たな自動車道

路作りは難しい状況にある。そのため、都市交通政策においては歩行者道路や公共交通施設の整備に重点が置かれており、TM（トランジットモール）やLRT（ライトレイルトランジット＝軽快電車）の整備が特徴的である。郊外の住宅開発においては、軽快電車等の鉄道軌道と一体的な整備を進めている事例が多い。近年は環境保全の視点が強く打ち出され、自動車の都市内流入の抑制を目的として、従来の公共交通施設整備等の施策を強化するとともに、例えば交通負荷の小さい土地利用を目指す施策を推進している都市がみられる（鉄道ジャーナル第一二一号、鉄道ジャーナル社）。

自動車交通を抑制する方法は主として次の通りである。

**自動車交通の規制・誘導**

(1) 交通静穏化方策

交通静穏化とは、居住地域における環境保全・安全確保を目的とした自動車の速度抑制や通過交通対策、さらに公共交通利用促進や歩行者・自転車対策などを含む総合的な対策である。欧州ではここ数年、地区交通対策として積極的に法制度化を進めており、アメリカやオーストラリアにおいても実施されている。

ボンエルフは、車を走りにくくした歩行者優先道路で、全体の改修が必要で費用がかさむため、欧州では現在、下火になっている。それにかわって、多様な交通静穏化方法を組み合わせ、速度規制を行なう方法が導入されてきている。

ドイツなどで実施されている速度抑制策の注目すべき点は、ゾーン標識と道路交通の「右折車両優先規制（信号機のない交差点で、優先道路指定を外すことによって右側から進入する車が優先となる規制）」のみで実現していることである。さらに、補助的な対策、例えば、広報活動、速度監視等を併用することにより効果はさらに高いものになっている。

(2) モール・トランジットモール

都市部における歩行者を優先して、自動車交通を削減するのがトランジットモールである。都心部における歩行者空間を質的に改良し、歩行者の安全性の向上、自由な空間の確保、都心商業地区での魅力を向上させることにより、都心部の商業活動を活性化させることを目的としている。モールは人と車の交通形態によって、フルモール、セミモール、トランジットモールの三タイプに分類される。

a フルモール

フルモールは、基本的に歩行者の通路の形態をとっているものであり、区間全体をモール化した「完全フルモール」と、モール化された区間のうち、交差点などを除いたブロック間のみ対象とする「ブロック間フルモール」などがある。

b セミモール

セミモールは、基本的には歩行者専用通路と自動車通行路によって構成されるモールをいい、自動車交通を抑制する方法がとられている。

c　トランジットモール

商店街の自動車を排除して、歩行者専用空間としたショッピングモールに、路面電車、バス、あるいはトローリーバス等路面を走行する公共交通機関を導入した空間をトランジットモールという。トランジットモールには大きくバス型と軌道型と混合型の三タイプがある。

(3)　ロードプライシング

道路混雑解消やインフラ整備の財源確保、環境問題の解決などを目的として、道路の利用に対して賦課金を課すものである。ロードプライシングには、シンガポールで実施されているような地域内への流入抑制に着目した「入域賦課金制」とオスロ（ノルウェー）のように地域内での走行抑制に着目した「通行賦課金制」に大別される。

賦課金の徴収方法には、通行時に支払うノルウェー型と、許可書を発行し、購入させるシンガポール型と電子式（エリア・ライセンシング・スキーム（ＡＬＳ）方式）による香港型がある。

さらに、料金の設定方法には、道路の渋滞状況に応じて価格が決められる渋滞料率方式や一定の料金を徴収する方法等がある。

(4)　環境税（燃料税、炭素税）

$CO_2$の排出量に対応した燃料税を追加課税することにより、経済負荷をかけ燃料消費量の抑制を図る方策である。ＥＵでは、地球温暖化への対応を図るため、二酸化炭素排出量を一九九〇年レベルで安定化させることを目標に、炭素税導入を一九九三年より検討しているが、すでにフィンランド（一九九〇年一月）、オランダ（一九九〇年二月）、スウェーデン（一九九〇年一月）、ノルウェー（一九九一年一月）などで導入されている。

税収は、主に一般財源に繰り入れられ、環境対策などに充当されるが、ノルウェーでは、公共交通機関の改善に充当される点が注目に値する。この四カ国以外にも欧州諸国では、フランス、ドイツ、イギリス、デンマーク、スイスなどで導入を検討中である。

(5)　フリンジパーキング

フリンジパーキングは中長期的な施策であり、計画的かつ段階的に都心部縁辺部（フリンジ）に駐車場を整備しながら都心部の自動車交通の適正化を図っていく施策である。フリンジパーキングの目的は、直接都心まで来る自動車を削減し、モールやトランジットモールなどを整備することにより、快適な都心空間の創出を図ることであり、また都心部の交通混雑や駐車問題の解消をはかる方式である。具体的には、歩行者専用空間（モールなど）への接続や環状道路の周辺に自動車から歩道や公共交通機関（バスや鉄道）への乗り換え駐車場を整備したり、モール化した都心の周辺部に駐車場を整備し、都心部へ流入する自動車交通量を削減しようとするものである。フリンジパーキングを促進する施策としては、都心部内の走行や駐車規制、乗り入れ規制などを行なうのが一般的である。また、誘導策としてフリンジパーキングからバスやＬＲＴの運行や、駐車場案内システムを実施している。

## ストラスブールの軽快電車

交通需要管理を進めてきた典型的な都市としてはアムステルダム、デルフト、ハウテン（オランダ）、フライブルグ、ミュンヘン、フライジング（ドイツ）、ストラスブール、ブザンソン、グルノーブル（フランス）などが有名だが、ここでは最近軽快電車を新規に建設したストラスブールの現状を紹介しよう。

ストラスブールは、ライン川沿いの独仏国境に接し、EUの議会場を擁する都市で人口約二五万人（都市圏人口約四〇万人）である。ここは、一九九四年十一月に延長九・八キロの軽快電車が開業したばかりである。ここの車両は、減速ギヤつきのハブモーターを用いて車輪をなくし、全低床化を実現している。車内は台車上を除いてクロスシートで、大きな窓、静かでスムーズな走行、と快適である。ドアは幅一・五メートルもある超大型プラグドアが片側六カ所も装備され、乗客の乗降はとてもスムーズである。中央車体の二カ所には可動スロープも装備されて、車椅子の乗客への配慮も抜かりはない。

軽快電車が敷設される直接のきっかけとなったのは、一九八九年の市長選で女性市長が軽快電車建設を公約にかかげて初当選したことだそうだ。当時現職の市長はミニ地下鉄の建設を公約にかかげていたが、市民は建設費が三分の一の一九億フラン（約三八〇億円）ですむ軽快電車の建設を選んだとのことだ。軽快電車敷設のねらいは二つあった。一つは、マイカー利用を減らすことで、開通前は公共交通機関のシェアはわずか一一%にすぎず、中心部商店街のクレベール広場前の道路（現在はトランジットモール）を通るクルマは一日五万台にも達していた（うち二万台は通過交通）。

もう一つは軽快電車をつくることで都市空間の使い方を考え直すきっかけを与えることである。以前は、中心部の駐車場は通勤者のマイカーによって終日占拠され、道路もマイカーであふれていた。軽快電車を通す代わり、トラフィック・セルシステム（都心部をいくつかの小地区セルに分け、許可車以外はそれぞれの地区へ外周の環状道路からしか進入できなくすること）を導入して、マイカーが中心部を通り抜けできないようにし、浮かせた空間や道路は歩行者や商店街活性化のための空間に再デザインしたという。利用客は非常に多く、クレベール広場やトランジットモールは多くの市民でにぎわう。試運転で軽快電車が初めて街を走った日、市民は拍手で迎えたとのことで、市民がいかに高く評価しているかが分かる。現在の営業距離は九・八キロだが、二〇〇五年までに約三〇キロまで延長し、ライン川を越えてドイツのケールにまで延ばすことも検討しているという（鉄道ジャーナル第一一号）。

一九九七年に新市長に就任したリース氏が一九九八年五月、東京都と国連が開催した国際環境シンポジウムに出席のため来日した。そこで軽快電車建設の時期には市の責任者として住民との交渉に当たったという同氏に白石がインタビューした。商店街はクルマの進入禁止に強く反対していたという。ノーカーはノービジネスにつながるという意見が多かった。それを説得して電車路線を作りクルマを締め出したところ、歩行者は二五パーセント増えたという。明確なビジョンを持ち、それに納得すれば市民の多数は支持するなど貴重な経験を語ってくれて、聴衆にもっとも感銘を与えた報告者の一人であった。

## 四　都市交通を支える仕組み

こうした欧州の諸都市ではいずれも交通対策という視点だけでなく「快適で活気のある街づくり」という視点から、公共交通機関の整備とマイカー利用抑制策を進めている。低床の路面電車やバスの導入などの交通弱者対策も、その一環である。街に入るクルマを減らせば、道路や駐車場の空間を商店街活性化や公園など公共施設にまわせるうえ、騒音や排気ガス、そして交通事故の危険性も減るので住環境がよくなる。LRTなど公共交通機関の整備に公的資金を投入するのが一般的だ。

これまで紹介したように欧州の諸都市では公共交通が主体の体系に変わりつつあるが、そのために何よりも必要なことは財政的支援の体制である。その点ほとんどの国で、国と自治体が財源を負担する仕組みになっている。

### (1)　ベルギー

地方自治体所有企業がほとんどの公共交通機関を運営し、一部市バス事業者とは運行契約を締結している。経費の一五～四二％を運賃収入、数パーセントをその他事業収入でまかない、その他は国および市の補助金で補填している。

(2)　フランス

数県の集合体である広域行政権は地方分権化により、地方交通政策の権限が委譲され、各企業の従業員給与の一～二％の範囲で徴収可能な交通税という独自の財源をもっている。この財源を、道路および公共交通機関の整備ならびに運営費補助にあてている。公共交通機関の運営は半官半民の第三セクターが運営し、補助金の交付額は経費の二七～六三％に達している。SNCF（X）の地方交通線もこの枠組みに従い、広域行政圏と契約して運行している。

(3)　ドイツ

連邦鉄道のドイツ鉄道会社への改組に合わせ、地方交通はこれまでの連邦政府責任から代わり、公共交通の赤字補填は州政府が行なっている。財源は燃料税の一部が充当されている。また、公共交通の運営主体は市や民間会社と多様であるが、各都市ごとに運輸連合を組織し、共通運賃の採用やサービス水準の統一を行なっている。経費の二二～七〇％を運賃収入でまかない、その他は国および市の補助金で補填している。旧東ドイツの都市は運賃水準が低いため、補助金の割合も大きくなっている。

(4)　イタリア

いずれも市が公共交通の大部分を運営しており、運賃収入は、経費の一〇～三〇％をまかなうのみであり、公的補助の割合が高い、ミラノは公的補助を含めても赤字経営である。

(5)　オランダ

市が直接運営しているアムステルダムおよびロッテルダム、私有企業運営のデン・ハーグおよび州運営のユトレヒトといくつかの形態がある。全国共通の運輸政策に基づく補助金支出、全国共通カード使用が特徴である。運賃収入は経費の二〇~三〇%をまかなっている。

(6) ノルウェー

市営で、運賃収入は経費の約六〇%で、市が赤字分を補助している。

(7) スウェーデン

地方自治体が市営企業と民間企業に運営を委託し、運賃プール制を採用して、補助金を支出している。運賃収入は経費の三四~四六%である。

(8) スイス

ほとんどの都市は市が公共交通を運営し、赤字は市および州が補填している。運賃収入は経費の三四~八一%である(鉄道ジャーナル第一一二号)。

ヨーロッパでは自家用車から公共交通に誘導するために、均一運賃ゾーン制運賃の導入による分かりやすい運賃体系を採用し、運賃水準を低く抑えて不足分を公的補助金として支出する政策がほぼ確定している。一方、日本では受益者負担を原則としており、公的補助はごく僅かでしかない。このため、多くの公共交通機関は財政的に行き詰まり、充実しようにも肝心の資金調達さえできない状態にある。自動車交通に替わる公共交通を充実させるためには国と自治体による財政援助は不可欠であろう。

# 第5章　シンガポールの先進的交通体系

## 一　東南アジア大都市の自由放任の都市交通

### アジア・カー市場？

通貨危機に襲われる前のタイのバンコックやマレーシアのクアラルンプールは高度成長のなかで建設ブームに沸いていた七〇年代の東京を思わせる状況だった。相次いで建設される高層ビル、大都市のあちこちで空を横切って立つ大型クレーンの数々は、足元の土地掘削現場の雑然とした光景とともにいかにも建設途中の都市であることを思わせた。世界一の高さというクアラルンプールの並び立つ二本の塔型のビルや、郊外に広がるクレーンが林立する完成前のビル群など鮮烈な印象を与えてくれる。

その建設ラッシュにもまして世界的に名高い道路の渋滞は、これらの都市を訪問するすべての人々を悩ませる。人が歩いた方が早いといわれるほどの渋滞した自動車の長い列、これらの都市の訪問者はだれもが体験したことだろう。

東南アジア諸国では近年の工業化にともない、自動車需要が急増している。シンガポール、香港などアジアNIESに続いてタイ、マレーシアなどでは、先進国資本やそれらとの合弁による工業化が急速に進行している。それにともない工場の中間管理者や、ビジネス界でのホワイトカラー層の増加など、それぞれの社会での中間階層が急激なテンポで増加している。これらの層の所得増加は乗用車需要の急激な増加を生み、トラック数の増加とともにアジア・カー市場といわれるように世界の自動車メーカーが注目する成長市場となっている。

アメリカのビッグスリーをはじめ世界の自動車メーカーは、このアジア・カー市場への参入を目指して熾烈な競争に入っており、日本の自動車業界の構造にも変化をもたらしている。マツダに対するフォードの支配がアジアカーにターゲットを絞った戦略的布石であったことは、周知のことである。

### 交通渋滞は解消できない

しかしこのようなモータリゼイションが引き起こす大気汚染、騒音など環境問題はどうなっているだろうか。かねてから関心を寄せ、危惧していた筆者は一九九七年三月、短期間ではあったがそれら諸都市の交通事情と環境状況を視察した。強く感じたのはかつてアメリカや日本の都市が体験したことが、より悪化した形で繰り返されていることだった。都市全体の交通体系の整備を進める前にレッセフェール・トラフィックグロース（自由放任の交通増加）である。

たとえばバンコックでは都心部にオフィスビルが増え、自動車交通量全体が大幅に増加しているが、それに対処する施策はほとんど取られてきていない。旧態依然とした交通体系のままでとどまっている。さまざまな構想はあるが実際には東西方向だけの高架鉄道の建設計画が実現した程度で、自動車交通に代わる体系的な公共交通手段の整備や自動車交通の抑制策も取られていない。このため自動車の交通渋滞が著しく、自動車の進行速度は人間の歩行速度よりも遅いと言われるのは誇張ではなく、自動車排出ガスによる大気汚染は急速に悪化している。

マレーシアの首都クアラルンプールも同じ状況にある。都心部でのビル建設は同国の近年の工業化のテンポを反映して東南アジア諸国のなかで随一である。このため自動車交通量の増加も著しく、乗用車、トラックともに道路交通量は極めて早いテンポで増加している。これらに対応するために部分的には高速道路の建設が進められているが、交通需要の増加テンポはそれをはるかに上回り、交通渋滞を緩和するにはほど遠いのが実態である。

発展途上国の共通の問題は、植民地時代から続いてきた国家の財政難のため、ほとんどの場合、長期的な都市計画が策定されていない。かりにあったとしても、机上の作文にとどまり、都市は都市計画に沿って合理的に成長していないのが実態である。そして自由放任的自動車交通の増加に任せているのが現実であった。

## 二　独自の交通計画のパイオニア、シンガポール

### 世界でもっとも早い削減政策

　ところがそれらの近隣国であるシンガポールでは事情が一変する。世界の自動車メーカーがしのぎを削って競争しているアジア・カー市場とも無縁のまま、自動車市場を事実上、閉ざした状況にある。精密に計画された独自の交通計画を推進してきて、交通計画の大半はすでに完成状況にある。バンコックやクアラルンプールのような道路の渋滞もなく、緑豊かな並木道にかこまれた道路を、周辺の風景を楽しみながらタクシーで走ることができる。頻繁に走るバスは朝夕のラッシュ時間帯でも東京のようにスピードを落とさずに多数の客を乗せて走っている。シンガポールの都心部と郊外の住宅地を結ぶ高速鉄道（ＭＲＴ）は、朝夕の通勤時間帯でも新聞を広げられる程度の込み具合で老若、男女の勤務者たちをゆとりをもってオフィス街へ運んでいる。都市国家・シンガポールはすでにマイカー利用を排除して、都心と郊外を円滑に結ぶ高速電車、頻繁なバスの運行によって国民、貨物の輸送需要を満たす交通体系を完成させているのである。

　同国がマレーシアから分離・独立したのは一九六〇年代で、独立後わずか三十数年でしかない。ところが都市計画と総合交通計画については、最も進んだ北欧諸国をしのぐ環境優先の政策を実践している。東南アジア諸国のなかでも日本人観光客の多いことでは屈指の国であるし、国状もよく

紹介されているのに、その交通事情がひろく紹介されていないのは片手落ちの感がある。

シンガポールの交通計画の特徴は、世界でもっとも早く革新的な自動車交通削減政策を実施してきたことである。

その第一は、自動車の保有抑制策、第二は、利用抑制策、第三は、自動車に代わる公共交通機関の拡充策である。それが目指すものは自動車交通の増加による交通渋滞の解消であって、交通渋滞にともなう経済的損失を避けることにあった。国土の狭い島嶼国シンガポールでは自動車交通需要を吸収するための道路建設に必要な土地供給ができず、道路容量の限界が生む交通渋滞は国の経済に大きなマイナスをもたらすというのが出発点であった。だがその政策は一貫して強固に推進され、交通需要管理（TDM）の世界的な流れを先取りした施策と評価され、欧米諸都市が学ぶほどの実績をあげたのである。基本理念とそれを実現する具体策の体系は次の表の通りである（表5―1）。

### バス優遇・乗用車抑制

シンガポール政府は自動車交通削減という目的の実現を目指して、多様な施策を有機的に組合せてきた。バス、高速電車の低料金、バスの所要時間の短縮化、専用レーン、優先信号、接近状況把握システムの設置、などはバスの効率的運行に役立ち、実際に自動車交通からの需要転移に大きく役立っている。また乗用車の交通量の制限として効果があったのは、通行料金制度による都心部道路に対する通行料金の徴収であった。つぎにはそれを一歩を進めて、自動車保有制限措置となり、

### 表5-1　シンガポール都市交通政策の基本理念

- 自動車交通抑制政策
  - 自動車保有抑制政策（ARF，VQSなど）
  - 自動車利用抑制策（Half Tank Rule , ALS など）
  - 自動車交通円滑化策（PARF，駐車場政策など）
- 自動車交通抑制政策と公共交通充実化政策との整合性の調整政策
- 公共交通充実化政策
  - バス・システム改善策（SBS，TIBSなど）
  - 公共交通システム統合化策（PTC，TLなど）
  - MRT整備・運営策
    - MRT整備策（MRTC）
    - 上下分離政策
    - MRT運営策（SMRT）

出所）陸上交通庁資料「シンガポール都市交通政策の考察」土井正幸、日本交通政策研究会刊。

車両登録料、自動車輸入関税、年間道路税などの賦課により自動車保有者に経済的負担を求めるシステムへと推し進めてきた。シンガポールの代表的な交通政策は次の三つの言葉が象徴する。

(1) ＡＬＳ（エリア・ライセンス制度）
(2) ＡＲＦ（追加登録料）
(3) ＭＲＴ（高速鉄道）

高速鉄道（ＭＲＴ）は都心部は地下鉄で、都心を離れると高架の郊外電車となって十分間隔以内で運転する高速電車網である。ＭＲＴは一九八三年世界銀行の支援を受けて着工（五〇億ドルプロジェクト）、その運行開始は一九八七年、低料金、高速、運転区域拡大方針を持つ旅客輸送の主役として登場した。鉄道の線路、駅舎などのインフラストラクチャーは国有、鉄道の運行・管理は別会計として優遇している。

こうした交通政策の集大成として管理体制を統合し、一九九五年には陸上交通を総合的に管理・運営する陸上交通庁を創設した。陸上交通庁はバス、高速鉄道、道路交通の管理、自動車保有、運行規制、道路建設管理などの陸上交通のすべてを統合した強い権限を持つ行政機構であり、運営機関でもある。

(1)のＡＬＳ（エリアライセンス制度）とは、特定の地域の自動車交通抑制手段として制度化されたのものである。都心部など指定された地域に自動車を乗り入れるには特別のライセンスが必要と定め、毎月またはその都度ライセンスを購入しなければ乗り入れできない。

次がＡＲＦ（追加登録料制度）である。自動車の新規登録にともない保有者が支払う登録料で、一九七〇年代には比較的低負担であったが、それは年々上昇して一九九〇年には車両価格の一七五％に引き上げられた。それほど高額の取得費用を賦課しても自動車購入への欲望は高く、自動車保有台数は増加する傾向にあり、自動車保有制限という政府の目的実現には不十分な施策となっていった。それで自動車保有削減効果を強める必要があるとして、導入されたのが自動車割当制度（ＶＱＳ）であった。自動車割当て制度（ＶＱＳ）はそれまでの規制措置が追加的価格を賦課することにより自動車保有数の抑制を期待したのであったが、国民の所得が上昇するにつれて経済負担に耐えても自動車を保有しようとする層がふえてきた段階では有効でなくなった。

**表5-2　1996年自動車販売割当表**

| | |
|---|---|
| 1995年末保有台数 | 626,417 |
| 許可された増加台数 | 18,793 |
| 1995年廃車の代替台数 | 20,666 |
| モーターサイクルからの転換登録資格 | 1,204 |
| 1995年繰越登録資格 | 47 |
| 合計割当台数 | 40,710 |

出所）陸上交通庁、96年年次度報告

そこで導入したのが、政府があらかじめ新規に認可する自動車保有台数を決定して、その定められた台数を小型、中型車などに分類し、分類車ごとに入札により自動車購入権を取得するという方法であり、一九九〇年から実施している。自動車購入希望者は入札して自動車購入権（ＣＯＥ）を得た人だけに新規に車両の購入を認めると言う独特の制度である。このＶＱＳの導入により追加登録料（ＡＲＦ）は重複することになり、車両価格の一六〇％、一五〇％へと引き下げられた。

一九九六年のＶＱＳによるＣＯＥ（自動車購入権）は合計で四万七

一〇台とさだめられ、シンガポール人は、この指定台数を越えて自動車を購入することはできず、自動車の車種別に入札してCOEを手にいれることになる。一九九四年の実績によると同年二月には二〇〇一CC以上の高級車では自動車購入権（COE）の落札価格は六万五〇〇〇シンガポールドル（約四五〇万円）（産経新聞九四年一月十八日）に達して、これに加えて一五〇％の追加登録料（ARF）と本体価格を支払ってはじめて乗用車を保有できることとなる。一六〇〇CCクラスの中型車でも、一九九三年一月に二万シンガポールドル程度であった自動車購入権COEは、同年末には四万シンガポールドルへと上昇した（日本経済新聞九四年八月十日）。

追加登録料、自動車購入権制度の導入によって、シンガポールでは自動車を入手するためには他国とは桁違いの支出が必要となっている。陸上交通庁が発表した自動車入手価格と年間に入手できる自動車台数は次のとおりである（表5―2）。

典型的な中型車で一九九一年の二万一〇〇〇シンガポールドルから年々上昇して、九四年には一二万九〇〇〇シンガポールドルで当時のレートで換算すると八八〇万円に相当する（図5―1）。筆者がシンガポールで会った人々はシンガポールで一台買える人は日本でなら同じ程度の車が三台買えると語っていた。OECDの開発センター職員オコンナーは実際の購入価格はシンガポールの輸入価格の四・五倍から五倍であると書いているがそれが現実である（OECD編「OECDと非OECD途上国における環境政策への経済手法の適用」）。加納敏幸氏によると九五年六月にトヨタ・カローラを購入した場合、車両価格一六一万円、追加登録料二四二万円、自動車購入権三四五万円、と道

路税、関税六六万円、合計一〇五〇万円であったという（加納敏幸著『交通天国シンガポール』成山堂書店刊）

　このような乗用車の保有を厳しく制限する政策について、政府はその目的と成果を広く広報しているが、このような規制を非難する層はいないというのが陸上交通庁（ＧＴＡ）の認識であった。

販売割当て台数を政府が定めて、直接自動車の販売台数を制限する措置であるだけに自動車輸入、

**図5-1　典型的な中型乗用車価格推移**

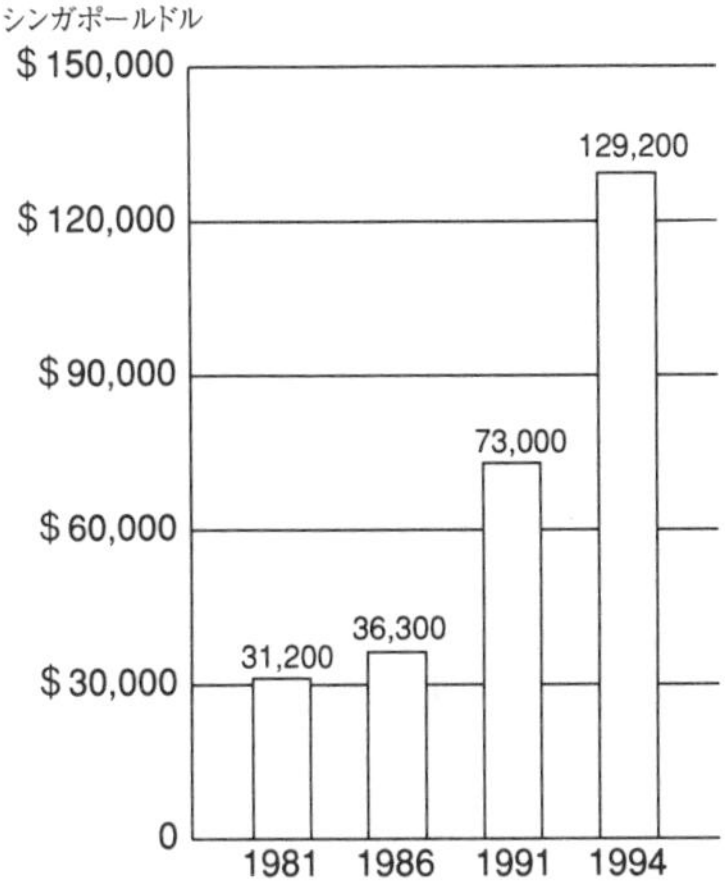


出所）陸上交通庁「96年年次報告」

**図5-2　年次別自動車保有推移**

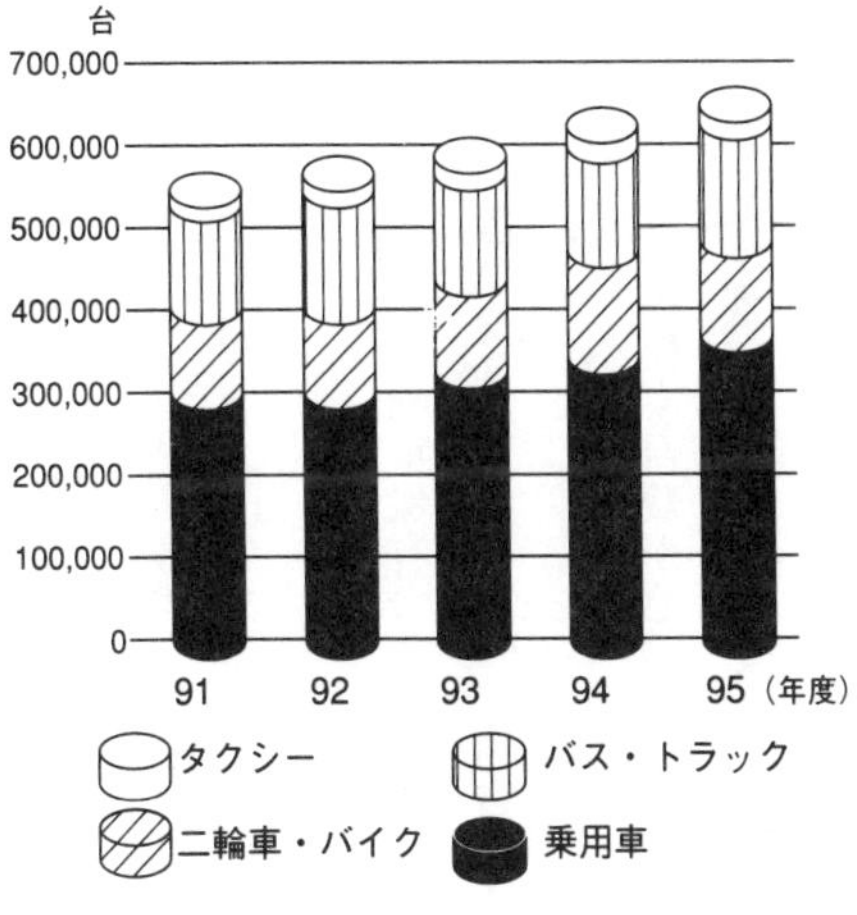


出所）陸上交通庁「1996年年次報告」

販売業界、石油業界その他の自動車関連業界からの強い反対にあったことは容易に想像できる。一般消費者にとっても自動車購入権を入札によって取得する、という独特の制度のせいで、近隣国の三倍以上の高い価格で自動車を入手することになるため、当然不満があると予測される。それらを押し切って試行錯誤しながら今日に至った、世界最初の自動車割当制度導入国であることは注目されて良い。

政府がCOEを発行する根拠となるのは、第一にはシンガポールの自動車保有台数をどの水準で押さえるかという政府の自動車保有政策である。一九九六年の陸上交通庁（GTA）の白書によると現在の人口一〇人に対して一台という比率は緩和して、二〇一〇年には人口七人に対して一台にまで緩和すると言う。先進国の二人に一台以上、現在の日本の自動車保有台数が七〇〇〇万台、人口一・八人に一台と比べれば、シンガポールでは保有者にどれだけ重い経済的負担を強いて自動車保有台数の増加を規制しているかが理解できよう（図5―2）。

## 三　自動車保有、使用削減政策にいたるまで

### 重い税負担、自動車割当、ロードプライシング

シンガポールで最初に自動車交通政策を作るための調査を行なったのは、一九七二年のことであった。その結果分かったことは、乗用車の所有と使用を制限する措置を取らなければシンガポール

の道路交通は一九九二年ごろには渋滞で破綻するということであった。一九七五年、政府はエリア・ライセンス制度（ALS）を発表した。シンガポールの中央業務地域を指定して制限地域とし、朝の二時間、その地域に乗り入れるには一日三ドル、一カ月六〇ドルの特別ライセンスを購入しなければならなくなった。会社所有の自家用乗用車は一九八〇年には、一日一〇ドルと、一カ月二〇〇ドルにあげ、タクシーは半額程度に引き下げた。その時間帯にはバスの運行台数を三分の一増加させた。また制限地域では駐車場の駐車料を引き上げた。だがもっとも自動車保有にインパクトを与えたのは税金であった。自動車輸入国シンガポールでは一九六八年の輸入税は市場価格の一〇％であったが、政府は一九七二年に四五％へ引き上げた。また自動車の年間登録料は一九八〇年まではわずか一五ドルであったが、これを一〇〇〇ドル、会社保有の乗用車は五〇〇〇ドルに引き上げた。一九七三年まで追加登録料は自動車従価の二五％であったのをその後引き上げ、エリア登録制度（ALS）実施後の一九七六年一月以降は従価の一〇〇％、一九八〇年代には同じく一五〇％にまで引き上げた。乗用車の買い替え購入に対しては排気量のクラス別に優遇措置を取っている。それに加えて自動車所有者には毎年道路税が課せられる。

このような税制度にプラスして一九九〇年以降、自動車割当て制度（VQS）が導入され、自動車購入権を入札で手に入れなければならないことになった。VQSの導入による自動車保有制限は自動車交通量削減にもっとも有効な方法であったことはいうまでもない。これに次ぐ第二の方法が走行地域、道路を指定して通行料金を徴収する制度（ロードプライシング）である。これも自動車走行を削減する方法として有効ではあるが、通行料金の徴収施設を設けて自動車を止めて徴収する方式自体が渋滞を誘発するため、シンガポールでは道路入り口のゲートと自動車のラベルの貼り付けにより所有者の預金から自動引き落としを行なう方法を実施することとし、試験的に実施している。

この方法も第一段階は午前のピーク時、次には夕刻のピーク時間、次には終日と通行料金徴収の時間帯を広げていくことにより、自動車交通量の抑制に効果を挙げている。

だがこのような自動車交通削減策とならんで、むしろそれ以上に重視すべきであるのは、まえに紹介した高速鉄道（MRT）で、シンガポール国内の広い部分に普及していることであろう。これに専用レーンと独自信号で優先走行を保障された頻繁なバス走行が加わり、シンガポールの陸上交通の主要な部分を受け持っている。陸上交通庁の調査では都心部に向かう交通需要の七五％は高速鉄道およびバスの公共交通機関の利用者であるという。バス料金は一ドル以下および高速鉄道はシンガポールドル一・五ドル以下が大部分というように極めて安い。しかもバス、MRTは朝夕の通勤時間帯でも乗客の肩が触れ合う程度で、現在も延長工事を続けている。

高速鉄道と大型二階建てバスなどの通行頻度を挙げて乗客のニーズに応えるなど、改善対策を続けている公共交通政策は、政府当局の総合交通政策全体に対する市民の信頼感を作り上げてきたと陸上交通庁の当局者はいう。そうした対策全般が、現在の交通政策に対する社会的合意を作り上げたのであろう。乗用車取得に対するこんなに厳しい規制は、カーマニアなどの不満を引き起こしただろうし、目的が正当でも国民多数の合意をえるのは容易ではなかったろうからだ。

## 四　シンガポールの総合交通政策実現の条件は何か

### 世界が注目する政策

自動車交通削減を目指して公共交通の拡充を進めた総合交通政策の目的は、国土の狭い小国における自動車交通渋滞の事前防止であり、それによる経済的損失の削減であった。その動機はシンガポール経済にとっての利害であって、アメリカですでに深刻化していた自動車排出ガスによる大気汚染でもなかった。しかしシンガポール政府は、アメリカのロサンゼルス市などで対策に苦慮していた大都市の自動車交通問題から学び取り、自国の交通計画の策定に生かし、時代のニーズを先取りした総合交通計画の実現に向けて踏み出した。

シンガポール政府は、一九七四年までに自動車交通について二つの研究を行なっていたが、いずれも自動車の使用と保有を一九九二年まで制限する必要があると結論づけていた。そして同国の交通体系の柱として公共交通体系を作ることに着手したのは、二度のオイルショックを体験した直後の一九八二年のことであった。自動車交通中心の交通体系に代わる主軸交通として高速鉄道など公共交通を位置付けて、世界銀行などに金融的援助を申請したのは、一九八二年のことであった。高速鉄道が完成して都市交通の主役となるまで、バスが公共交通の主役として位置づけられ、経営を補助し、優先的運行が保障された。当時、日本では都市交通で自動車交通の増加に追い詰められて、広島、長崎などのわずかな都市で路面電車がかろうじて生き残っていた時代であった。日本の都市交通は放任的な自動車交通優先の時代となり、渋滞する道路交通のなかで都市部、都市近郊部を問わずバスが軒並み赤字で次々に路線を廃止していた。

日本政府と財界は、言葉では第一番の政策課題は省エネルギーであると言っていた。しかし交通政策の分野では省エネルギーを実質的に生かした政策は取られず、放任されたままモータリゼイションが加速していった。とくに道路政策では一九八二年の道路審議会の報告「二一世紀を目指した道路作りへの提言」で、二十一世紀初めまでに高速道路一万キロの建設、第二東名、第二名神高速道路の建設を目指すこととし、建設省がその年に発表した第九次道路整備五カ年計画では第八次計画よりも予算額を二〇％増やして四三兆円とした。また計画そのものに批判が多かった東京湾横断道路の建設に着手すると述べていた。シンガポール政府がモータリゼイションから転換、公共交通中心の交通計画の実施へと転換していた時、日本は過去最大の資金を投じる道路建設を計画、モータリゼイションの全面的推進を急いでいた。

その後の一九八〇年代の半ば以降、交通体系についての視点が世界的規模でも大きく変わった。それまで世界の限られた都市の政策に止まっていた、地域的環境と地球的環境が利便性よりも重視されるべきであるとの価値観が大勢を占めてきて、国、自治体の政策にも変化が出始めた。環境問題の発生源でもある交通体系の在り方にも視点が向けられていたのは当然のことである。自動車排気ガスの削減、地球温暖化の進行を防止するために地球規模で自動車交通の削減が課題となり、シンガポールの自動車交通削減の成功は先進国だけでなく世界全体が注目するところとなってきた。それを反映してか一九九五年に発足したシンガポールの陸上交通庁は『世界一級の陸上交通システムを作ろう』を合言葉として、すべての文書の冒頭に掲げている。これまでシンガポールの交通政策は、世界の潮流から外れた異端の政策との見方が多かった。ところが欧州の先進的都市がその意義を評価し、温室効果ガスの主要な発生源の一つである自動車の交通削減策としては、シンガポールが推進してきた交通計画の方向がもっとも相応しいとの認識が増えてきた。

## OECDの評価

OECDが一九八八年に出した報告書『交通と環境』ではシンガポールの一連の交通管理政策の成果として、つぎの諸点を挙げている。自動車使用頻度の減少、自動車保有台数の増加を抑えた、朝夕のピーク時における道路渋滞の緩和、ピーク時における自動車から公共交通への移行、交通事故の減少、経済的に換算すると道路に使われる筈であった一五〇億シンガポールドルの節約、朝の交通量は一一万四〇〇〇台になっただろう交通量を、五万七〇〇〇台に削減した。

シンガポールの一連の経済的施策の効果の次の点に注目すべきである。

(1) 交通量の変化

一九七五年には朝のピーク時には都心部に七万四〇〇〇台が流れ込んでいた。流入免許制が導入された直後には四万三〇〇〇台に落ちた。一九八三年には五万七〇〇〇台にまで上昇したが、所得水準の上昇を勘案すると一一万四〇〇〇台に上昇したものと推定される。

(2) 交通機関の変化

免許制度の実行前は都心部への通勤はバスが三三%、乗用車が五六%であった。免許制度導入直後にはバス通勤が四六%、乗車通勤は四六%に減り、一九八三年にはバス通勤は六九%、乗用車通勤は二三%にまで減少した。

(3) 交通速度

都心部行きの幹線道路は朝のピーク時で時速四〇~五〇キロで動いている。他の規制ゾーン内部では時速三〇キロで動いているが、規制されていない道路では時速一八キロであった。

(4) 車両保有

車両課税制度は道路通行料金(ロードプライシング)を伴うが、一〇〇〇人当たり七一台に車両保有を制限した。車両課税制度がなければ一〇〇〇人当たり一〇七台に増えたと推定される。

(5) 道路の安全性

中心地域で一九八三年には一九七五年に比べてすべての種類の交通事故が二五%減少した。

(6) 大気の質

中心地域の六カ所の大気汚染観測所では、一九七六年から$CO_2$の濃度上昇がみられたが、$CO_2$濃度水準は、他のアジア諸都市に比べて低い。窒素酸化物汚染は減少が見られ、自動車走行規制と関連すると見られる。

(7) ビジネス、および土地利用効果

エリアライセンス制度による地代、小売業、ホテル営業に対する影響は見られない。就労機会はバスの利便性の高度化などにより上昇した。

現在の日本の大都市の交通機関がかかえる諸問題を見事に克服した二一世紀へのモデル都市であるかのように、OECDはシンガポールを評価している(OECD編『交通と環境』一九八八年)。

このような評価をだした一九八八年といえば、まだ地球温暖化問題はOECDももちろん、欧州諸国の政府でもほとんど取り上げていなかった時期である。自動車交通による$CO_2$排出量を削減という課題が日程にのぼってもいない段階での評価であったことは記憶されて良い。日本ではそれと対照的に、一九八七年には日本全国を一万四〇〇〇キロの高速道路網で結ぶ一日交通圏構想の実現を目指す第四次全国総合開発計画を決め、国鉄分割民営化を実行してモータリゼイションへと全面的に転換した。半面、シンガポールやOECDが積極的に評価したミュンヘン、スウェーデンなどの自動車交通を抑制し、路面電車などの公共交通を優先する政策はほとんど紹介されなかった。そこで問われるのはシンガポールでは実行できて日本では実行できず、むしろ逆の方向へ進んできたのはなぜか、その要因は何かである。

### 大気汚染防止の先見性と利益集団の不在

シンガポールでこのような交通政策を実施することができた第一の要因は、マレーシアから分離独立した直後から政府が環境政策と交通計画の分野では、政策理論でも行政能力でも優れた指導性と実行力を持っていたことを挙げる必要がある。シンガポール政府は日本、カリフォルニア州で大気汚染が初めて問題となった一九七一年に、大気汚染を防止する大気規制法を制定し、翌一九七二年には環境省を設立した。そして七〇年代はじめから大気モニタリング局の整備を始めた。一九六五年にマレーシアから分離独立してから五年余りしか経っていないころのことである。この結果、他のアジア新興国と比べると、例外的に大気汚染の測定値が基準内に止まって、低い値で推移している。

第二には、シンガポール政府の交通計画の実施により利益を損なう利益集団が、政府に影響力を与えるほどの強力な集団として形成されておらず、シンガポール政府は自動車業界、建設業界など公共交通体系の建設にかかわる利益集団から、自立した立場を堅持しながら、政治家、官僚は政策を執行し続けることができた。

差し当たり、以上の二点だけは指摘しても良かろう。

# 第6章　環境にやさしくと矛盾する自動車業界の動き

## 一　RV車販売に血道をあげるメーカー

日本で宣伝広告にもっとも多額の金を支出するのは自動車業界である。その広告業界で三、四年前に話題の中心となったのがトヨタ、日産の宣伝競争であった。周知のように日産は販売台数も経営内容も悪化してトヨタの敵ではなくなった。両社の力は激変したが、乗用車販売における宣伝広告の役割には変化はない。宣伝広告の在り方は乗用車の販売台数に影響する。その意味で自動車メーカーにとって広告宣伝の役割は極めて大きい。

近年の広告宣伝業界の話題の一つとなったのが、トヨタと日産の野球選手を登用しての激しい販売競争であった。トヨタは若者たちの心をとらえて日本の国民的英雄となったかの野茂投手を起用した。日産は、これも野球ファンはもちろん、世代を越えた男女各層に人気があるイチロー選手を登用して販売拡大にばく進した。その影には巨額の契約料が登用した選手に支払われ、テレビ、新聞、雑誌などの各媒体に数百億円の広告費が支払われたことはいうまでもない。その後も巨額を注ぎ込む宣伝合戦は続いている。

トヨタの広告宣伝費は、一九九七年度でも全国企業の広告支出額では一位一〇三二億円、二位の本田技研の五九三億円、日産自動車は同三位、五五四億円に達していた。これに続くのが五位の三菱自動車の四七八億円、であった。同年の日本の企業広告支出額の上位一〇社のうちの四社は自動車会社であった。また、自動車業界の上場企業六八社の広告宣伝費総額は、三六一三億円、販売促進費は一兆一一三七億円にのぼる。併せて一兆五〇〇〇億円の巨額を自動車メーカーは広告宣伝、販売促進活動に投じた。株式市場に上場する自動車企業の広告宣伝費は、全上場企業の広告宣伝費三兆二六〇〇億円（九七年度実績）の一一％を占める。宣伝広告の分野でもっとも影響力を行使している業界の一つである（広告白書平成一〇年）。そのような日本国民のヒーローともいえるスター選手を用いて大手自動車メーカーが訴求したものは何か。リクリエイショナル・ビークル―RV車の販売拡大であった。

日本の乗用車の保有台数は、四九〇〇万台（一九九七年末）、平均して一所帯保有率一台以上という保有率となった。そのように需要が飽和状況にあるなかで、自動車メーカーが企画したのがRV車の販売であった。三菱自動車に始まり、自動車業界全体が追随してRV車の新車種の開発、販売促進に力を注いだのである。この結果、RV車の販売台数は急速に増加した。一九八〇年代後半から始まったRV車の販売競争は近年、いっそう加速度がついた。一九九一年の国産乗用車の販売台数に占めるRV車の比率は一五％であったが、九三年には二一％、九五年には二九％へと上昇した。その後、乗用車の販売台数は落ち込んでいくなかでRV車だけは増加し続けた。各社が競って新型車を市場に投入し、膨大な広告宣伝費を投じて販売拡大を競った。若いスポーツ選手のイメージをレジャーとスポーツに向かうRV車に結び付けてその販売促進に活用したのである。このような自動車メーカーの販売戦略は効果を発揮した。日本自動車販売協会連合会によれば一九九六年に一九九七年のRV車の販売比率は四五％に達するとの見通しを立てていた。結果は見通し通り的中した。RV車はその後もさらに増加を続け一九八八年には五一％、九九年には乗用車販売台数の五二パーセントを占めるほどになった。

現代日本の広告宣伝の影響力と消費者の購買心理動向との関係を垣間見せる事態ではある。

## 二　ディーゼル車志向へと誘導する自動車メーカー

RV車は普通の乗用車に比べて車体は大きく、排気量が大きい強力なエンジンを搭載している。なかでもオフロードなどの四輪駆動車はそうである。車体は小型車であってもエンジンは排気量では普通車なみ、またはそれ以上の排気量のエンジンを搭載している。日本製の乗用車ではまれであったエンジンの排気量が二五〇〇CCから三〇〇〇CCというのはRV車ではざらである。そのうえ特徴的なことはディーゼルエンジン車が多いことである。乗用車販売台数の五〇％程度にまでRV車の販売が増加したことは、ガソリン車に対するディーゼル車の比率が高くなることでもある。ディーゼルエンジン車は一九八五年には普通乗用車ではゼロ、小型乗用車では生産台数の四・八％であったが、一九九〇年には普通車の生産の〇・九％、小型車では同じく一〇％に増加した。そして一九九六年には普通車の生産の一四％、小型車生産の七％をディーゼル車が占めるほどになった。この結果、当然ディーゼル乗用車の保有台数も増加し、一九九九年十二月末には四二二八万台の保有乗用車のうちディーゼル車は四六七万台、全体の一一％を占めるようになった（表6―1）。一九八〇年の保有乗用車のうちディーゼル車は一・四％であったことと比べると、ディーゼル化がどれほど急テンポで進行したかが分かる。

当然のことだがNOx汚染地域でもディーゼル化は進んだ。政府がディーゼル車をガソリン車に転換しなければならないと法律を作ってまでNOxの削減を決めた東京、大阪、横浜などでもディーゼル化が進み、NOx削減法の目的は阻まれている。NOx削減法（自動車から排出される窒素酸化物の特定地域における総量の削減等に関する特別措置法。九二年に制定）を作成してから五年経った一九九七年三月、政府はNOx法の実施による窒素酸化物汚染対策の実施状況について調査報告を発表した。それによると「目標年次の中間に当たる今年、$NO_2$濃度はおおむね横ばいで環境基準の達成状況は芳しくない。対象地域である埼玉、千葉、東京、神奈川、大阪、兵庫の各都府県でディーゼル乗用車が増え、NOx排出量も増加傾向にあるがこれはNOx総量削減基本方針に沿わないものであり、メーカー、ユーザーの自粛が求められる」と指摘している。

議会で立法した当時から責任主体としての自覚に欠け、ザル法に過ぎず、$NO_x$削減の意思があるのか疑問だとする批判が環境庁、政府に対して向けられていた。朝日新聞は社説で厳しくそのことを批判していた（九三年一月二十六日）。法律を作ってディーゼル車をガソリン車への転換を義務づけることにより、$NO_x$を減らすと約束しながら、他方では政府はガソリン車からディーゼル車へと転換するのを放置してきた。自動車メーカーの新車開発・販売戦略が日本の乗用車のディーゼル車化を進行させ、政府はそれを傍観した結果が法律制定した目的と反対の事態を生んだのである。

**表6-1　保有乗用車のディーゼル車比率**

| | 普通・小型車計 | ディーゼル車 | 比　率 |
|---|---|---|---|
| 1980年 | 21,483千台 | 302千台 | 1.4% |
| 1990年 | 32,339 〃 | 2,886 〃 | 8.9% |
| 1995年 | 38,905 〃 | 4,865 〃 | 12.5% |
| 1997年 | 41,346 〃 | 5,072 〃 | 12.2% |
| 1999年 | 42,275 〃 | 4,669 〃 | 11.0% |

出所）自動車統計月報

トラックの場合はすでにディーゼル車が多い。一九八〇年普通、小型トラックの保有台数八六五万台のうちディーゼル車は二六九万台、三一％であったが、一九九〇年にはディーゼル車は五八二万台で同じく六六％、一九九四年には六四九万台となり、普通、小型トラック保有台数八八三万台の七三％を占めるほどに増加した。

これらの結果としてディーゼル車の燃料である軽油の消費量はガソリンの消費量に比べて遥かに高いテンポで上昇した。ところが人間の健康をまもるためにはディーゼル微粒子、$NO_x$の削減を急がなければならない。それは第一章で触れたとおりである。あとで紹介するように環境政策の優先順位の第一でディーゼル微粒子、NOxの削減を運輸経済研究センターの提言も掲げている。ところが自動車業界の実際の行動はディーゼル微粒子とNOx汚染を悪化する方向へ進んでいた。環境にやさしいことを売り物にする自動車メーカーは、ガソリンよりも軽油消費がより高いペースで増加するような方向へと消費者を導いてきたのが実態であった。政府の新しい調査によるとディーゼル車は保有台数では四九％であるがNOxの排出量の七五％はディーゼル車から排出されるという（一九九八年三月環境庁自動車排ガス調査報告）。

政府はそのような業界の動きを放置したたまま見過ごしてきた。政府は言葉では大気汚染防止を主張してきた。NOxの汚染を改善するためにNOx削減法を新たに制定したりした。しかし、その法律制定もポーズだけでNOx削減は実現していないし、むしろ法律そのものがザル法であった。汚染のひどい特定地域へのディーゼル車からガソリン車への転換を規定していたし、法律策定の際、環境庁作成のNOx法の原案には特定地域へのディーゼル車の進入の制限も盛り込んでいた。しかし他の経済関係省の反対でその条項は削除された。政府は形だけの法律はつくったが環境基準が達成されなくても、NOxによる汚染地域が全国に拡大していっても放置し続けただけであった。自動車業界は環境庁のそのような姿勢に乗じて、大気汚染が悪化することが判っていながら、汚染を助長する車種を開発し導入して、それらの販売拡大に努めてきた。ガソリン車よりディーゼル車を、小型車より普通車を、普通車のなかでも排気量の大きいRV車を重点として販売拡大に努めてきた。

別の所で触れたように、ガソリンと軽油とに税金により大きな差をつけ、軽油車を使用したほうが経費は安く上がるという税制が日本では作られた。NOxによる大気汚染が深刻となる以前のことであったが、窒素酸化物汚染がひどくなり、NOx削減法制定後も税制は改定されず、生き続けた。政府は大気汚染を悪化させる制度を作り、それを放置し続けた。これでは窒素酸化物と浮遊粒子上物質による大気汚染の責任の大部分は政府にあるといわれても仕方あるまい。

## 三　大型化を進めた自動車メーカー

もう一つ注目する必要があるのは、乗用車の小型車から普通車への転換である。運輸政策審議会が交通の分野で地球温暖化防止策の中心とする方策は、自動車単体の燃費の向上であった。単体当たりいくら燃料消費量を減らしても、自動車全体の増加率がそれを越えれば効果はない。ところが日本では単体規制が役に立たないことを違う事実で証明した。日本の自動車全体が大型化してきたのである。

一九八五年の保有台数のうち、排気量一六〇〇CC以下の乗用車は全乗用車の五一％であった。そして二四〇〇CC以上の車は〇・五％に過ぎなかった。ところが一九九五年三月末現在では一六〇〇CC以下の車の比率は三七％に下がり、二四〇〇CC以上の排気量のそれは一一％へと上昇した。一五〇〇CC前後の排気量車の保有台数は一九八五年と比べて横ばいか、減少したのに対して、もっとも増加したのは大排気量の車で、二四〇一CC～二五〇〇CCの乗用車は一九八五年に比べて七一倍、二九〇一CC〜三〇〇〇CCの乗用車は同じく二〇五倍に増加したのである(表6―2)。日本の道路を普通に走行するのにこれほどの排気量の大型エンジンは必要がない。RV車に搭載したとしても日本ではいわゆるオフロードでの走行でも、これ程の力を必要とする場所はめったにあるものではない。RV車ブームにのって大容量のエンジン搭載車を持つことがファッション化したとしか考えられない現象である。

一方、乗用車が小型中心であった国内販売で普通車の比率が急激に高くなったのは一九八九年以降のことであった。日本の新車登録台数(販売台数)のなかで普通車は一九八六年まで一〇万台以下であった。一九八七年に一一万台、八八年に一七万台となったが一九八九年以降急増した。一九九〇年には四七万台に達した後もさらに増加を続け、一九九五年には八九万台になり、八七年の八倍となったのである。これと対照的に小型車は一九九〇年の三八四万台をピークに減少に転じ、一九九五年の登録台数は二六五万台、三〇%も減少するという記録的事態を作ったのである。軽自動車を含む乗用車の新規登録台数も一九九〇年の五一〇万台をピークにそれ以降減少してはいる。しかし、普通車は増加傾向を続けている。消費者の購買志向は小型車から普通車へ転換したのが実態である。

排気量二四〇〇CC以上の車種の増加率が最も高く、小型車から普通車への転換が進んで保有台数全体での小型車の比率が減少していけば当然、燃料の消費量は増大する。一九八〇年代の十年間にガソリンの消費量は二八%増加した。ところが一九九〇年からの五年間の増量は一五%で、八〇

表6-2　乗用車排気量別保有台数、増加率

| 順位 | 排気量 | 95年3月保有台数 台 | 構成比 % | 85年比増加率 | 85年3月 保有台数 | 85年3月 構成比 |
|---|---|---|---|---|---|---|
| 1 | 1901～2000cc | 10,982,792 | 29.09 | 200.24 | 5,484,896 | 21.92 |
| 2 | 1401～1500cc | 7,071,689 | 18.73 | 156.04 | 4,531,985 | 18.11 |
| 3 | 1801～1900cc | 3,595,698 | 9.52 | 280.81 | 1,280,455 | 5.21 |
| 4 | 1501～1600cc | 2,623,399 | 6.95 | 83.87 | 3,127,977 | 12.50 |
| 5 | 2401～2500cc | 2,568,255 | 6.80 | 7,136.02 | 35,990 | 0.14 |
| 6 | 2901～3000cc | 1,728,463 | 4.58 | 1,981.39 | 87,235 | 0.35 |
| 7 | 1201～1300cc | 1,721,138 | 4.56 | 53.36 | 3,225,645 | 12.89 |
| 8 | 1701～1800cc | 1,704,808 | 4.52 | 49.55 | 3,440,281 | 13.75 |
| 9 | 1301～1400cc | 1,594,173 | 4.22 | 130.67 | 1,220,005 | 4.87 |
| 10 | 901～1000cc | 1,064,068 | 2.82 | 151.37 | 702,964 | 2.81 |
| 計 | | 34,654,456 | 91.79 | 149.78 | 23,137,433 | 92.45 |
| その他 | | 2,975,618 | 7.88 | 171.99 | 1,730,123 | 6.91 |
| 合計 | | 3,6306,74 | 99.67 | 151.32 | 24,867,556 | 99.36 |

出所）「自動車産業ハンドブック」1997年版

年代の伸び率を越えた。政府が地球温暖化防止のために$CO_2$排出量を安定化すると約束した以後のガソリン消費量の伸び率は、それ以前よりも高かった。

こうして自動車一台の排気ガスの排出量を削減して環境汚染を防止しようという政府の政策は、実現しなかった。反対に自動車一台が消費する燃料量、つまり燃料消費原単位は地球温暖化防止策をはじめた一九九〇年前後から増加し始めたのである。一九八〇年代末には、一人を一キロ運ぶのに消費するエネルギーは人・キロ当たり五五〇キロカロリー程度まで低下した自家用乗用車のエネルギー消費原単位は、一九九三年度に

は六四三キロカロリーまで上昇した。自動車単体の燃費の改善によって$CO_2$の排出を削減すると言ってきた運輸省の主張は乗用車の大型化によって簡単に覆された。同じようにNOx削減法が目指したディーゼル車からガソリン車に車種を転換させることによって、窒素酸化物とディーゼル排ガスを減らそうとした法律制定の目的は実現するどころか、RV車の販売拡大戦略と乗用車の大型化によって逆の事態を生み出した。それが自動車業界が企画し、追求したRV車販売戦略の「成果」であった。

依然として軽油の消費量の伸び率は高い。表6―3が示すように消費量の伸び率は上昇してガソリンの消費量に接近する勢いを示している。こうした傾向は政府が特定地域としてNOxの厳しい排出規制に適合する車両以外は立ち入りを禁止するというNOx汚染地域でも続いている。東京都では都内での軽油の販売量が近年、依然として増加を続け、一九九四年の都内での自動車向け販売量は二二二万キロで四年間に一九九〇年の二〇七万キロから七％増加した。ディーゼル車に対する排出ガス単体規制によるNOx排出量の減少率はこの消費増加率には及ばない。

## 四　自動車メーカーの地球環境対策

これまで述べたことに対して自動車メーカーからの反論があるだろう。自動車メーカーは自動車の生産工場でも環境に負担をかけないようにしているし、自動車そのものも環境に適するように改良しているではないか。確かに努力していることはある。トヨタ自動車ではハイブリッドカーで燃費を半分程度にまで減らした車を開発しているし、自動車メーカーの工場では環境優先の操業を約束した工場が認定される基準・ISO（国際標準規格）一四〇〇一に加入して、省エネや廃棄物などを減らす努力をしてはいる。

だが自動車そのものが他の交通手段に比べて環境的に負荷が高い以上、販売を拡大すればするほど環境への影響は大きくなっていく。また、自動車メーカーの環境負荷の軽減は、企業イメージをあげて、より多く車を売る手段としか理解できないケースが多い。もし自動車業界が自動車販売台数の増加以上に環境保全を優先する姿勢を持つのであれば、何故肺ガン発生の可能性が高く、ただでさえ悪化する一方の窒素酸化物汚染を助長するディーゼル車をガソリン車以上に販売してきたか、同じように$CO_2$の排出量の少ない小型乗用車より排出量の大きい普通車をより多く販売してきたか、納得の行く説明が求められよう。それなしにはハイブリッドエンジンなど新型エンジン開発も所詮は厳しい環境の時代を乗り切るためのショーウィンドー作りで、本音は相変わらずの在来型自動車の販売拡大にあることを露呈するだけであろう。

トヨタが誇るハイブリッドカー・プリウスは一九九八

**表6-3　ガソリン、軽油販売量推移**

| | ガソリン | 軽　油 |
|---|---|---|
| 1974年度 | 27,112<br>(100) | 15,806<br>(100) |
| 1980年 | 34,543<br>(127) | 21,564<br>(136) |
| 1985年 | 36,713<br>(135) | 25,808<br>(163) |
| 1990年 | 44,783<br>(165) | 37,680<br>(238) |
| 1995年 | 51,618<br>(190) | 45,455<br>(288) |

単位：千キロリットル、(　)内は前回からの伸び率%　　出所）通産省調べ

年五月現在の生産台数は月一〇〇〇台、月二〇万台近い乗用車生産の一パーセントにも満たない。今後もごく少量を生産するだけで主力車種は依然として在来型の乗用車だ。宣伝費を投入して販売促進に力を入れるのはRV車という販売戦略が自動車メーカーの真の狙いを示している。消費者のニーズがそこにあったからという言い古された説明では説明にならない。次々に新型車を発売しては膨大な宣伝広告費を注ぎ込むRV車の販売戦略は、自動車メーカーによる消費者の購買欲を引き出し、需要を作り出す営みなのだ。だが消費者がもともとRV車を必要としているという自動車メーカーの主張が正しければ、RV車にかけた膨大な宣伝広告活動は不要だった筈だ。

## 五　ぜいたくな日本の乗用車利用

日本の乗用車の平均車齢を示す統計がある。アメリカにも同じ統計があるので比較して、重要なことが分かった。現在使われている車が新規登録から何年経っているかをしめすものだが、それによると日本の乗用車の車齢は平均五年で、これに対してアメリカの乗用車の平均車齢は八・六年で、日本よりも一・七倍ほど多い。さらにアメリカ車の車齢の内訳をみると十六年を超えた車は全体のなかでの比率が一番高くて一一%、十年以上経過した車の比率は三五%を占めている。これに対して日本では十六年を超えた車は一%未満、十年を超えた車は七%に過ぎない。残りの九三%はすべて十年以下の車齢である（表6―4）。なかでも普通車の場合はさらに短い。平均車齢で三・三年、十年を超えた車は全体の保有台数の三・二%を占めるだけだ。近年になるほど普通車の売上げが増えたためでもあるが、小型車に比べて普通車の使用期間はより短く、普通車を購入する階層は新型車を買い求める傾向が強いことを現わしている。

日本の乗用車の使用条件が過酷でタクシー使用のように短期間に長距離を走るのであれば車齢が短いのもうなづける。ところが自動車保有台数の多い国のなかでもっとも走行距離は短く、使用す

**表6-4 日米乗用車車齢比較**

| 日本 (1997年3月末現在) | | | アメリカ (1997年7月1日現在) | |
|---|---|---|---|---|
| 初度登録年 | 保有台数 | 構成比 % | 保有台数 (千台) | 構成比 % |
| 97年 | 1,404,251 | 3.47 | 143 | 0.1 |
| 96年 | 4,422,212 | 10.93 | 6,010 | 4.8 |
| 95年 | 4,184,277 | 10.34 | 9,179 | 7.4 |
| 94年 | 3,926,147 | 9.70 | 7,973 | 6.4 |
| 93年 | 3,860,829 | 9.54 | 8,040 | 6.5 |
| 92年 | 4,018,937 | 9.93 | 7,474 | 6.0 |
| 91年 | 4,144,259 | 10.24 | 7,753 | 6.2 |
| 90年 | 4,074,528 | 10.07 | 7,932 | 6.4 |
| 89年 | 3,368,888 | 8.32 | 8,692 | 7.0 |
| 88年 | 2,450,103 | 6.05 | 8,803 | 7.1 |
| 87年 | 1,602,088 | 3.96 | 8,431 | 6.8 |
| 車齢10年 | | | | |
| 86年 | 1,112,070 | 2.75 | 8,134 | 6.5 |
| 85年 | 677,577 | 1.67 | 7,191 | 5.8 |
| 84年 | 431,659 | 1.07 | 6,107 | 4.9 |
| 83年 | 233,041 | 0.58 | 3,945 | 3.2 |
| 82年 | 129,676 | 0.32 | 2,871 | 2.3 |
| 81年 | 97,916 | 0.24 | 2,499 | 2.0 |
| 80年 | 69,152 | 0.17 | — | — |
| それ以前 | 268,358 | 0.67 | 13,436 | 10.8 |
| 合計 | 40,476,568 | 100.00 | 124,613 | 100.0 |
| 平均車齢 | 5.14年 | | 8.6年 | |

出所）自動車年鑑99年、Motor Vihicle Facts & Figures。

**表6-5　日本における乗用車の使用状況**

| | | 1985年 | 1991年 | 1995年 |
|---|---|---|---|---|
| 主使用用途 | 仕事・商用 | 20% | 16% | 17% |
| | 通　　勤 | 46% | 45% | 41% |
| | 通　　学 | 1% | 1% | 41% |
| | レジャー | 14% | 14% | 17% |
| | 買い物・用たし | 19% | 24% | 25% |
| | その他 | — | — | — |
| 月間走行距離 | ～　300km | 29% | 37% | 48% |
| | ～　600km | 26% | 23% | 18% |
| | ～ 1200km | 33% | 30% | 26% |
| | 1201km以上 | 12% | 10% | 8% |
| | 平均・km | 635 | 593 | 483.5 |

出所）「自動車年鑑」

る期間は短期間で廃車するのが日本なのである。日本の車の使用条件は月間の走行距離は年々短くなってきており、一九八九年には乗用車の月間平均走行距離は六二六キロであったが一九九五年には四八四キロへと減少した。それも月間三〇〇キロ以下の走行車が全体の半ば近い四八％である。そして使用目的も通勤・通学が四一％、仕事・商用が一七％で、買い物・用足しが二五％、レジャーが一七％となっている。一九八五年には仕事・商用が二〇％、通勤・通学が四六％、買い物・用足しが一九％、レジャーが一四％であったこととと比較すると職業上の必要から買い物、用足しやレジャーなど、バスや鉄道などの公共交通や自転車または徒歩で代替できる分野での利用へ変わっていることを示す。

そして乗用車の利用状況も変化し、走るのはごく短時間、大部分は車庫で過ごすようになった。なかでもきわだっているのは、月間の走行距離が三〇〇キロ以下の部分が増えていることで、一九九一年には全体の三七％だったのに一九九五年には全体の四八％に増加している（表6―5）。これは道路の容量に比べて自動車交通需要が大きすぎる結果、発生する渋滞などで自動車利用率が低下する傾向が強まったことを示すものであろう。

年間の走行距離は低下して、十年足らず保有した後、平均六万キロしか走らないまま廃車となる。諸外国と比べると日本の乗用車の利用率はもっとも低い。世界各国のなかで日本の乗用車の走行距離は最低で、公式統計でも年間一万キロ以下である（表6―6）。最近の月間走行距離の低下から推計すれば年間六〇〇〇キロに過ぎない。乗用車はタクシーとして使用する場合には二、三年で四〇万キロ走行していることでもわかるように、乗用車の走行可能距離は四〇万キロ、耐用年数は少なくとも十六年以上であるという。しかし日本では使用年数は平均九・六年、かってバブル時期には平均使用年数は七年あった。短いところでは五、六年使っただけで廃車される。廃車される時の走行距離は平均して六万キロ前後、短いものでは三万キロ程度で廃車されるという。走行可能距離の二〇％程度しか走らないで廃車されていくわけで、乗用車として使用できる機能の八〇％を残す商品を、機能を使いこなすことなく使い捨てているのが日本の乗用車使用の実態である。

**表6-6　国別自動車年間走行距離**

| 国　　名 | 平均走行距離（km／年） | |
|---|---|---|
| | 乗用車 | トラック |
| 日　　本 | 9,900 | 12,000 |
| アメリカ | 19,051 | 32,600 |
| イギリス | 15,000 | 46,000 |
| ドイツ | 12,400 | 25,600 |
| フランス | 14,000 | 20,000 |
| イタリア | 12,200 | 18,900 |
| オランダ | 16,560 | 78,690 |
| 韓　　国 | 25,696 | 30,660 |
| 香　　港 | 18,232 | 23,450 |
| オーストリア | 14,286 | 17,300 |

出所）「世界の道路統計」97年版。注：平均走行距離の測定年は、オーストリアが1993年、アメリカが1994年、その他は1995年、日本、ドイツ、イタリア、韓国は概数

　まえに触れたように、アメリカ

の乗用車に比べて日本の平均車齢ははるかに短い。欧州諸国についての入手できる統計はないが、長期使用が一般的である傾向から判断すると、日本が使用可能な機能を残したまま、世界でもっとも短期間で乗用車を使い捨てているようだ。同じように変化しているのが購買者である。乗用車の購買者の内訳では新規購入者は年々減少し、買い替え需要の比率が年々増加している。

新規の購入は一九八六年には販売台数の二一%であったが、一九九五年には全体の購買者のうち買い替えは八〇%、買い増しが一一%、新規購買者は僅かに九%へと減少している（表6―7）。それも当然であろう。日本の所帯数四四〇〇万所帯に対して乗用車保有台数が五一一六万台（九九年末）にも達しているなかで、新規の乗用車購入者は成人となり、新たに社会進出する年間一八〇万人の人口数程度にとどまるのが自然であろう。そのような市場構造にある日本で年間四〇〇万台の乗用車を売っていくとすれば当然その大部分は買い替え需要となる。

車全体の平均走行距離は短くなり、新車の購買者層のほとんどが買い替え購入者となっていく市場構造のもとで、自動車メーカーが販売台数を増加させる戦略的課題として追求するのは、いかに早期に消費者に買い替えさせるかである。

そのための基本方法が短期間のモデルチェンジである。欧米では六年毎、メーカーによってはより長期的なインターバルでしか行なわないフルモデルチェンジを、日本ではもっとも短い周期で行なうことが定着した。一九七〇年代の二度にわたるオイルショックの後、もっとも企業寄り労組といわれた自動車労連のリーダーでさえ、四年置きのモデルチェンジを延期するよう提言した。省エ

表6-7　乗用車新規購入・買い換え台数

単位：千台

| | 86年 | 比率 | 90年 | 比率 | 93年 | 比率 |
|---|---|---|---|---|---|---|
| 新　規 | 646 | 21% | 999 | 20% | 385 | 9% |
| 買い替え | 2,191 | 70 | 3,640 | 71 | 3,366 | 80 |
| 買い増し | 309 | 10 | 464 | 9 | 449 | 11 |
| 合　計 | 3,145 | 100 | 5,103 | 100 | 4,200 | 100 |

出所）国民生活白書

ネルギーを急げという世論を受けての発言であったが、自動車メーカーはそのような社会的批判に抗して短い周期でのモデルチェンジを強行し続けてきた。その理由はきわめて簡単で、新車の販売台数が高い水準を保つのは短い周期でのモデルチェンジがそれを支えているからである。飽和状況にまで普及した市場構造のなかで、使用目的も職業上の必要から用足し、レジャーなどに移ってきたなかでは、乗用車はいっそうファッション化した商品となっていく。自動車メーカーは社会の風潮に沿った新型車を次々に市場に送り出していく。消費者は流行を追い求めるように新たなスタイルの新型車を買い求め、メーカーの戦略に乗せられて使用できる機能を備えたままの車を手放していく。流行遅れの車は使い捨てられていく。

つまり、自動車利用率は世界一低く、走行距離は最短、耐用年数は米国の六〇%、自動車本来の走行可能距離四〇万キロの一〇%から一五%しか走らないままで廃車にされるのが、日本の自動車使用の実態である。モデルチェンジした新型車が現われては旧型式の車は陳腐化させられ、廃棄されていく。使用可能な乗用車が廃車として捨てられていく。このような耐久消費財の使用期間を短くし、商品としての機能を十分に残したままで使い捨てていかなければ、販売台数を維持することはできない。

日本の自動車メーカーは、ビッグスリーに見習ってより早く使い捨てるシステムを日本で軌道に乗せることができたからこそ、日本を世界一級の乗用車市場とすることができた。人口比ではアメリカをしのぐ世界二位の自動車市場に作り上げることができた。一九九五年の人口一万人当たりの乗用車販売台数は三五五台で、日本市場は人口当たりでは世界一級の自動車市場といえよう。アメリカの乗用車販売台数は人口一万人当たり三三四台でフランス、イギリスと同列である。前にふれた一九八九年の消費税導入にさいして、自動車税を値下げして以降、小型車に替わって普通車の販売が急増したとき、日本の乗用車メーカーは空前の利潤を得た。一九八九年の純益はトヨタ三〇五九億円、日産六三六億円、本田五三九億円、三菱一二八億円であったが、一九九〇年にはそれぞれ三六〇八億円、八五四億円、五三一億円、一〇二億円という空前ともいえる利益を得たのであった。

だがこのような日本の自動車の生産と使用のあり方は、現代世界の行動計画とされる地球サミットが決めたアジェンダ21に照らしてどうであろうか。第三章で紹介したアジェンダ21は次のように指摘する。「先進国における過剰な需要と持続不可能な生活様式により資源と環境に負荷を与えている。地球環境が悪化する原因は主として先進国の持続不可能な消費と生産のあり方である」。そしてアジェンダ21は地球環境を守るための目標として、そのような消費と生産のあり方を改め、人類全体の基本的要求を満たすよう変更することを求めている。

# 第7章　地球環境に逆らって自動車道路建設

## 一　八〇年代に策定した巨大な自動車道路網

一九九八年三月、政府は新しい全国総合開発計画（五全総）を決定した。同年一月には一九九八年度にはじまる第一二次道路整備五カ年計画を決めた。そのなかの柱となっているのは、東京湾口道路に始まり、伊勢湾口道路、和歌山―淡路島をつなぐ紀淡連絡道、四国―九州をつなぐ豊予海峡道路、島原―天草―鹿児島県の長島をつなぐ島原・天草・長島架橋である。これはかつての日本列島改造論をはるかにしのぐ列島改造計画である。「新交通軸の形成」と名付けているように東名・名神・中国・九州の高速道路と平行して日本列島を縦断する幹線高速道路をもう一本作ろうというのだ（図7―1）。この計画がもし実施された場合、どれほど地域の自然環境を破壊していくことになるか、とくに地球温暖化につながる$CO_2$排出量を増やし、大気汚染をひどくするか、はかり知れない。九八年当時にすでに五三〇兆円、二〇〇〇年では六四五兆円にのぼる国、地方自治体の財政の赤字をさらに悪化させる。

だがそれにもまして憂慮するのは過去のこうした事業の決算を点検することもなく、無反省のまま この種の巨大プロジェクトが登場することである。例えば、三本の並行する本州四国連絡道、東京湾横断道路は当初の建設計画に照らして開通後の実績はどうであったか。当時から指摘されていた建設業界、鉄鋼業界などを潤すのが狙いで、計画はずさん、採算性はないという批判は誤りであって、政府が主張したように経済性は確保され、地域経済への波及効果は大きかったかどうか、結果が問われるところだ。国、地方財政などの赤字の累積額の多くの部分は公共投資、なかでも道路建設によることは周知のことだ。であれば、なおのこと経済性がみたされたか厳しい点検が求められよう。そのためには過去の道路建設について計画に照らして完成後に十分な実績を挙げているか、挙げていないとすれば計画そのものに問題はなかったか、検討される必要がある。

欧米諸国では、オイルショックを体験して石油依存を減らそうという機運があった一九八〇年代の半ばに、日本では、鉄道体系を切り捨てて高速道を中心の交通体系へと転換することを決定した。一九八七年、当時の中曽根内閣が閣議決定した第四次全国総合開発計画(四全総)がそうである。その中身は全国の主要都市間をおおむね三時間以内で、地方都市から複数の高速交通機関へのアクセス時間をおおむね一時間以内でそれぞれ結ぶ、いわゆる「全国一日交通圏」の確立である。そしてそれまで七六〇〇キロであった高速道路の建設計画を一万一六〇〇キロに大きく引き上げた。

「将来構想」の考え方は、日本列島にくまなく張りめぐらす国土開発幹線自動車網をつくり、同時に大都市圏内の高速道路網を整備し、そのネットワークに一般国道や都道府県道の序列に応じて枝状に整備していく計画である。高速道路の建設計画の総延長は一万四〇〇〇キロとなる。この「一万四〇〇〇キロ計画」は、それ以降の道路整備五カ年計画ですでに実施中である。しかしそれ以前の道路建設計画はもっと小規模であった。

一九八七年までの計画は七六〇〇キロであった。確定した計画となる以前の構想としては、大規模な案として出された、八五年度までに高速道路自動車国道を一万キロに整備するとした「道路整備長期構想」(一九六七年度策定)にさかのぼる。

図7-1　国土縦貫高速道路網計画

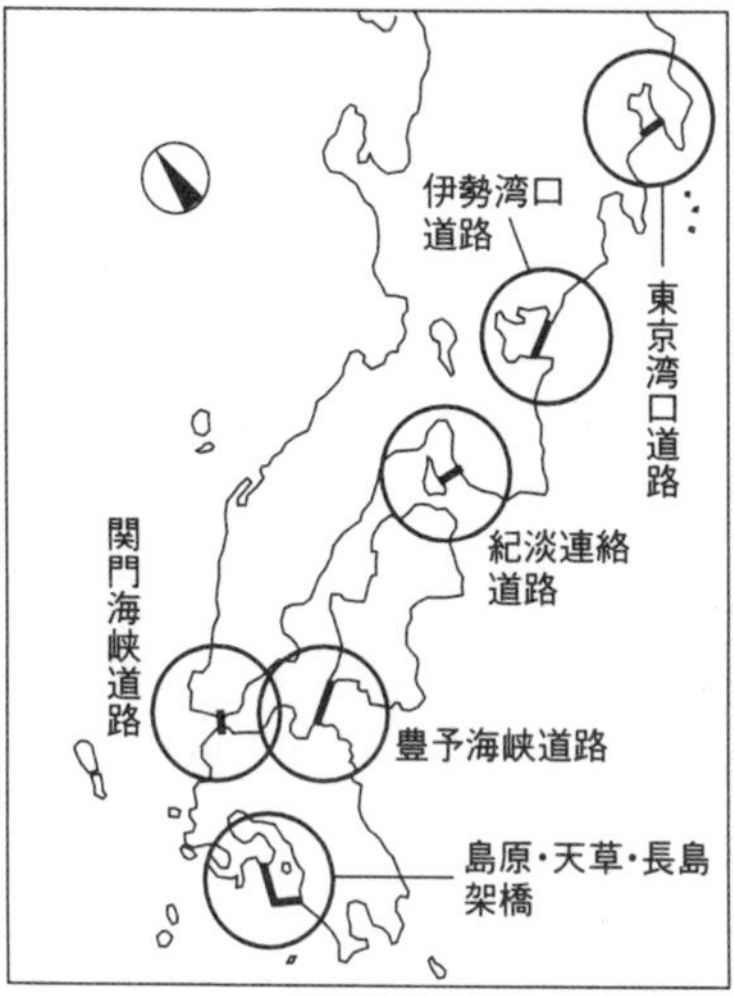


その考え方が新全総(六九年)に引き継がれ、田中角栄の「日本列島改造論」(七二年六月)の中で「縦貫と輪切りの高速道路幹線自動車道は一万キロに」とうたわれたが公式の政府計画とはなっていなかった。一万四〇〇〇キロに大幅修正された理由は、前記「長期構想」が八五年の自動車保有台数を約三五〇〇万台と予測していたのが、実際には五七六七万台と六五%もオーバーしてしまったために、交

通容量の方も四〇％増に修正したからである。

国土レベルの高速道路は、八七年から高規格幹線道路という名称がつけられている。従来からの国土開発幹線道路と本州四国連絡道、及び一般国道で建設大臣が指定する自動車専用道路の三つを総称する名前に変わったのである。高規格幹線道路は高速道路の整備を一層進めるために創り出された用語である。高規格幹線道路は六七六八キロ（一九九六年度末）が完成している。八七年に計画目標を七六〇〇キロから一万四〇〇〇キロに引き上げたため、達成率は四八％に下がったが、元の計画（七六〇〇キロ）に対しては八九％できあがっている。道路沿いの樹木が枯れ、自動車排気ガスなどで発生する酸性雨による少なからぬ森林の枯死が各地で発生している日本の国土状況で、これ以上の高速道路建設は自然破壊と地球気温の上昇を加速するだけだ。欧米諸国の道路建設支出と比べれば、日本がどれほど多額を投じているかを示すのが表7―1である。日本は世界一の道路建設国であるだけでなく、西欧諸国の平均投資額の五・六倍、イギリスにくらべれば一〇倍を超えることは注目してよい。

## 二　世界最高の日本の道路整備水準

道路投資は公共投資のなかで戦後一貫して最大の比重を占めてきた。道路建設五カ年計画を繰り返す度ごとに予算額を増やし、自動車道路の建設を進めてきた。世の中が不況になれば景気振興のために公共投資を、といっては道路建設予算を増やした。これには仕掛けがあった。日本列島改造論と建設業界との汚職構造を作り上げた田中角栄が作った道路建設にだけ投入する目的税の制定である。一般財源にすべきだという財政当局を抑えて強引に特別会計を制定した。世界でも例を見ないほどの道路建設優遇策である。

目的税としてのガソリン税、軽油引取り税、自動車重量税である。自動車が増えれば自動車税収が増える。しかし、これは道路整備の財源に特定されているから、道路建設予算が増える。それを使って舗装道路を増やし整備をよくすれば、自動車が使いやすくなるから増える。そして、税収が増えて道路予算が増えるという循環で、道路建設の資金はいやおうなしに膨らみ、道路は次々に造られ続けることになったのである。日本は世界第一の道路高密度国になっている。にもかかわらず、ますます道路への投資を拡大している。しかし、道路管轄官庁の建設省によると、日本はいかに道路が足りない国であるかという話になる。これほど急速に道路整備が進められるのに、政府・建設省は、まだ道路建設が必要だと主張する。諸外国に比べて大きく立ち遅れているとい

**表7-1　主要国年間道路投資額**

| 国　　名 | 合　計 (18) |
|---|---|
| 〔ヨーロッパ〕 | |
| オーストリア | 1,779.1 |
| デンマーク | 1,217.4 |
| ドイツ | 22,195.2 |
| イギリス | 9,625.8 |
| '91イタリア | 19,957.8 |
| オランダ | 1,370.3 |
| '93スウェーデン | 2,121.5 |
| スイス | 4,173.8 |
| '92カナダ | 6,421.1 |
| '93アメリカ合衆国 | 79,589.3 |
| '93日本 | 107,328.0 |
| '93韓国 | 7,323.5 |

1994年, 単位:億円, 出所）日本道路協会編「世界の道路統計」および「建設省統計」

うのだ。例えば、一九九〇年度の比較でも、日本の高速道路は五〇七七キロであるが、アメリカは八万二〇〇〇キロであり、自動車一万台当たり、日本が〇・九六キロに対して、アメリカは四・三キロ、旧西ドイツは一・九キロという。しかし、これは高速道路の増設を主張するための口実にすぎない。

例えば、高速道路の数字でも高規格幹線道路の延長しかあげていないが、法律上の分類は都道府県道でも、事実上高速道路として機能している道路は多い。都市高速道路だけでも四七三キロあり、さらに一般有料道路は二一四五キロ、それに有料を無料に開放した自動車道路は一七二四キロ計三八六九キロ（一九九三年度末）もある。こうした実態の日本の高速道路（高規格幹線道路＋都市高速道路＋自動車専用道路）の総延長は、一万四二一キロとなり、各国と比較すると、その水準は国土面積当たりでも高い部類となる（表7―2）。

道路は国土を占有するから比較の物差しが重要である。アメリカのように国土面積が日本の二五倍もある国と単純に比較するわけにはいかない。国土面積当たりの高速道路の延長は、日本はアメリカ、イギリス、フランスをも上回っている。さらに、国土といっても日本のように山の多い国と平野の多い国とでは事情が違う。そこで可住地面積に対する高速道路の延長密度をみると、日本は旧西ドイツをも上回って世界一であることがわかる（図7―2）。つまり日本の場合、人間の居住地や生活空間はぎっしりと高速道路を張りめぐらせた「道路飽和国」ということになる。

また、道路は自動車交通との関係で、その必要性が決まるという面がある。この点でも、自動車保有台数当たりの高速道路延長や、走行台キロ当たりの高速道路延長が、道路整備の遅れを示すデータとしてよく出される。しかし、これは自動車と道路が侵食する国土の物理的限界を全く無視した論である。国・建設省は「ライフスタイルの向上で道路への依存度は高まる一方である。しかし、

**表7-2　自動車道路の概況**

| 内　訳 | 割　合 | 延長(km) |
|---|---|---|
| 日本道路公団（高速道路） | 67.0% | 5,574.3 |
| 首高速道路公団 | 2.8% | 231.4 |
| 阪神高速道路公団 | 2.0% | 165.9 |
| 本州四国連絡橋公団 | 1.3% | 108.4 |
| 名古屋高速道路公社 | 0.4% | 30.3 |
| 福岡北九州高速道路公社 | 0.7% | 63.0 |
| 日本道路公団（一般有料道路） | 7.8% | 652.8 |
| 地方道路公社 | 14.2% | 1,179.3 |
| 地方公共団体 | 3.8% | 313.1 |
| 合計 | 100.0% | 8,318.5 |
| 開放済み道路 | | 1,723.8 |
| 総計 | | 10,042.3 |

出所）「統計とグラフと見る高速道路」1994年版より

**図7-2　世界各国の可住面積当たりの自動車と高速道路**

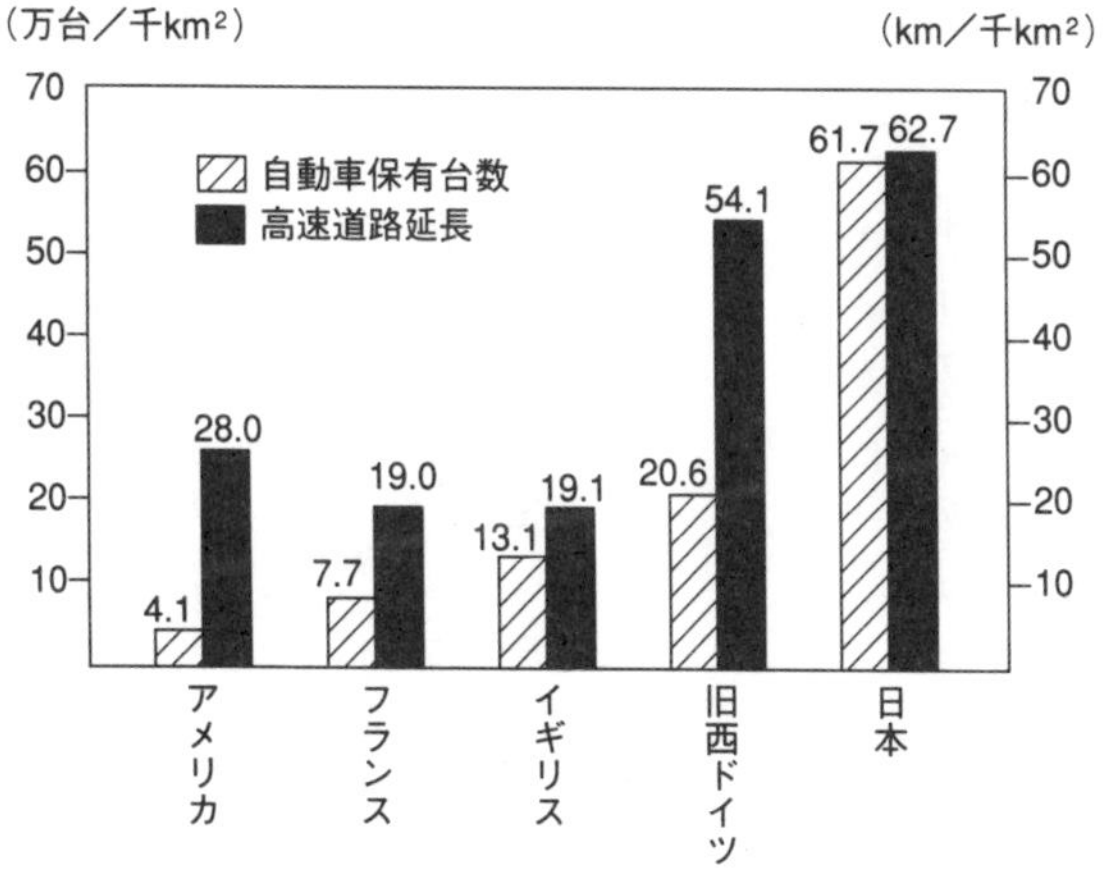


「世界の高速道路」1996年、などから作成

道路の整備水準は国際的にみても極めて遅れている。この危機状態を放置しておけば、暮らしや経済は支えられない。だから、豊かな生活大国実現のために、道路関連事業は急がねばならない」という。だが、日本はすでに超過密なクルマ社会となっている。そのうえ自動車の増加にあわせて無限に道路を建設していけば、日本の国土や環境は一体どうなるのだろうか。このような需要追随型の道路建設はすでに破綻している。また、道路整備の必要性を説く論拠として常に持ち出されてきたのは、渋滞の緩和である。だが、はたして実際に高速道路が整備されて、渋滞はなくなってきているのだろうか。事実は逆である。前に触れた通り道路整備がどれ程進んでも、自動車保有台数と交通量がそれを上回り、渋滞は改善されず、むしろ悪化している。

## 三　自動車交通の増加を保証する道路特定財源制度

ガソリン税、軽油引取税などが大部分を占める特定財源の税収は九六年度の予算ベースで五兆八〇〇〇億円の巨額にのぼる。金額も問題だが、道路特定財源制度そのものの問題点が多い。まずその制度の内容自体が、自動車交通が発生させる社会的費用をほとんど無視しているし、全般的な環境や人間の健康に対する深刻な加害をまったく考慮していない。自動車による環境破壊と健康被害が問題にもならなかった一時代昔の考え方に立っている。こういう制度が意味をもつのは、道路整備の水準が極端に低い段階だけである。

欧州諸国では、自動車燃料税を道路財源ではなく環境対策のための財源とすること、自動車交通を減らす手段として税率を高くする傾向にある。ところが日本では、この制度により財源があるのだから、不要不急でもとにかく道路整備を推し進めようという動機が働くことにもなる。これが今の道路行政の基本的歪みをつくりだ重要な要因の一つである。

燃料税にはガソリン税、石油ガス税、軽油引取税がある。道路使用者の受益者負担税である。しかし、税負担率は実に格差が大きい。ガソリン税一リットル当たり五三・八円に対して石油ガス税は一キログラム当たり一七・五円である。ガソリンの比重が約〇・七、発熱量は大差ないから、これをガソリンに換算すると、リットル当たり約一二・三円になる。ガソリン税の二三%である。軽油引取税はリットル当たり二四・三円である。軽油はディーゼル燃料であるから、大部分が貨物トラックや乗合バスの燃料である。これはガソリン税の四五%である。

図7-3　国別自動車燃料税比較

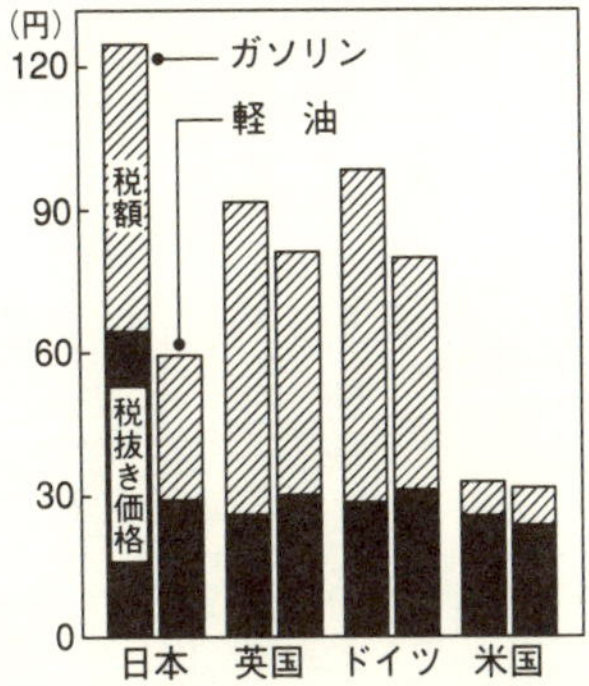

(単位：1ℓ当たり)

次にガソリンと自動車用軽油の国際比較を見てみよう。諸外国に比べて日本は燃料価格と、ガソリン（乗用車用中心）対軽油（主に企業用）税金格差がことに大きい（図7―3）。一方、道路に対する負担は、軽油を燃料とする大型トラックがガソリン車よりもはるかに大きい。大型トラックは貨物を積載した場合二〇トンを超え、ガソリン燃料の乗用車の一〇倍以上の重量で道路を破損する比率は、ガソリン車より遥かに高い。ところが税率は安く、道路整備費用の負担比率としては公平を欠くものとなっている。軽油の税率が割安となってきたのは、トラック協会などの軽油の大量消費者業界による長年の自民党首脳への政治家工作の結果でもある。この税率の差によって拡大した燃費の格差が、トラックはもちろん、乗用車のディーゼル化を助長したのである。道路交通渋滞に対する対策として日本ではほとんどの場合、「道路整備をもっと進めろ」という主張が展開される。「渋滞解消のために道路整備を」という文言は、行政文書のなかにあふれている。しかしどれほど道路を建設しても、収容しうる自動車交通の容量に比べて実際の交通需要はあまりにも多い。

道路建設のテンポは、交通需要の増加テンポに追いつくことができず、渋滞箇所はむしろ増え続けてている。しかも道路建設コストは高くなり、有料道路でさえ採算は取れなくなった。だから需要に合わせて道路を建設するのではなく、道路の容量に合うように自動車交通量を削減する必要があり、欧米の都市以上にTDM（交通需要管理）が必要な段階にあるのが、日本の大都市である。

軽快電車など公共交通を新設してそこで需要を吸収するのが現代の欧米の交通政策であることは、各章でくわしく述べた。ところが東京都では、東京都長期計画でさらに自動車道路の建設を進めようとしているし、ほかの大都市も同じだ。大都市の道路公害は人間の健康を保持するうえで我慢する限度を超えているというのに、道路建設計画はなお進められようとしている。その結果、国と地方財政が破綻しているし、有料道路の料金収入で独立採算が成り立つはずの道路公団は、軒並み破産に近い状況にある。

そのことを示すのが各道路公団の運用実績である（表7—3）。日本道路公団では、一九九〇年度に七四九億円であった国費助成は九六年度には二〇九七億円に増え、さらに増加する傾向にある。同公団の財政状態は近年急速に悪化し、一九九八年度の料金収入は、二兆九四六億円に対して借入金の返済と利息を示す業務外支出は、三兆二二八五億円のぼった（日本道路公団年報）。そのうち借入金の利息だけで九七八八億円で、料金収入の四七％にのぼる。そして同年度末の道路債券を始めとした固定負債の残高は、二五兆六〇〇〇億円にものぼる。不採算路線の相次ぐ建設の結果、急速に悪化している。一九九〇年度末の固定負債額は一六兆円であったから、わずか八年間に一〇兆円近くも増加したわけである（日本道路公団年報）。

表7-3　98年度道路公団財務状況

単位:億円

| | 日本道路公団 | 首都高速道路公団 | 本州四国連絡橋公団 | 阪神高速道路公団 |
|---|---|---|---|---|
| 業務収入 | 20,946 | 2,924 | 826 | 1,721 |
| 固定負債 | 256,020 | 46,336 | 42,000 | 37,692 |
| 業務外支出 | 32,285 | 4,736 | 4,057 | 3,986 |
| 支払利息 | 9,788 | 1,180 | 1,354 | 1,303 |
| 累積欠損金 | | | 8,377 | |

出所）各公団年報

また、首都高速道路公団の財政赤字も急増している。一九九〇年に二二一八億円であった料金収入は、九八年には二九二四億円へ僅かに増加しただけであったが、九〇年に二八一一億円であった業務外支出（借入利息と元金返済額合計）は、九八年には四七三六億円へと増加している。つまり料金収入の一・六倍を利息と元金返済に当てなければならず、そのための資金を借り入れなければならないというのが首都高速道路公団の実情である。このような自転車操業を積み重ねた結果、九八年度末の首都高速道路債券などの固定負債合計は、四兆六三三六億円にのぼる（首都高速道路公団平成十年度年報）。

日本道路公団と首都高速道路公団、阪神高速道路公団、本州四国連絡道路公団の固定負債を加えると優に三八兆円を超える（平成十年度各公団年報）。日本の部門別の負債額では最高額であることは間違いないが、今後この借入額は年々増加していく。今後建設する高速道路はすべて赤字であることが分かっているが、建設省と道路公団は、なお道路建設を続ける計画であるからだ。あまりにも膨大となった国、自治体などの借金の削減に迫られている政府は、財政構造改革を打ち出した手前、道路公団のこうした実態を放置できなくなり、閣議決定により総務庁行政監察局に命じて九七年度から二年計画で高速道路を対象とした行政監察を進めてきた。

しかし、部分的な監察で打開できることではない。核心は、日本の道路優先の交通政策そのものが行き詰まり、道路公団財政をはじめ、国、自治体を財政的に追い込んでいるのである。そこで、国と自治体の道路建設計画をみてみよう。国と自治体の一般会計から支出される道路予算には国道、都道府県道、市町村道がある。九七年度に終わった第一一次五カ年計画のうち、一般道路は二八・八兆円、地方単独事業の道路費は二五・五兆円で計五四兆円余りでこれは国と自治体の支出である。年間一一兆円の投資は、道路税によって賄えるものではない。年間のガソリン税などの道路税収入は、九六年度で五兆八〇〇〇億円で残りの五兆円は一般会計からの支出となる。こうして年間五兆円の道路費が国と自治体のうえに新たな負債としてのし掛かっていくのである。

道路建設による財政悪化は道路公団だけではない。縦割り行政につきものの各省庁の権限への固執姿勢もまたむだな投資を進め、財政を悪化させている。道路建設は建設省の所管以外にもある。農林水産省は農道、林道の建設権限を持つし、運輸省は港湾道路の建設権限を持つ。そして省庁間の公共事業予算の配分比率（シェア）は固定化され、一省庁の内部でさえ分野別公共事業シェアは固定化するという奇怪な現象が続いてきた。その結果、農道、港湾道路が必要性が十分検討されることもなく建設されることとなる。分野別公共事業のシェアが固定化を改めることを目的とした財政審議会の「公共事業の配分のあり方に関する報告」（一九九三年）が出た後も、ほとんど変わっていない。

それらの道路を重複して建設しても、どの政府機関によってもチェックされず、各省の省益優先の投資権限のもとでまかりとおる。たとえば石川県の能登半島の東、能登半島に包まれるような位置にある能登島、人口三八〇〇人のこの島に九一年に二本目の橋の建設工事が始まった。建設省の所管で建設された能登大橋が島の南端と能登半島を結んでいるのに、農林水産省は農道という名目で橋を建設した。農作物の生産と流通のための道路が農道だが、実際には臨海公園やゴルフ場などを作ったこの島に観光客を呼ぶための道路だ。通常は二本の道路とも閑散としていて有り余る資金の使い道がなくて作ったとしか思えない橋である。能登町の高橋町長によれば地元出身の国会議員の力を借り、数十回陳情を重ねた結果だというが、税金の無駄使いを証明する公共事業である。

全国にはこの他、建設する必要があったかどうか疑わしい農道、林道、港湾道路は数多い。九六年末、二十年前から建設を進めてきた山形県の朝日連峰で「大規模林道」建設を中止したのもそのような例の一つだ。一九七七年に着工し朝日連峰の峰を縫って六四キロ幅五メートルの舗装道路を作る計画であった。当初はブナの原生林をスギなどの人工林に変える目的だったが、木材価格が値下がりすると、林野庁はレクリエイションを中心とした山村振興に目的を変えて工事を続けた。自然環境を破壊するという地元住民の強い批判にも耳を貸さなかった。ところが豪雪地帯で工事ができるのは年間の半分以下で、雪解けのたびに起こる崩落や亀裂の補修に追われて工事が進まずにいるうちに、九六年にできた農水省の公共事業の見直し検討委員会で、この林道建設の木材生産効果が見込めるか計算していなかったことが分かり、建設を休止した。道路計画延長の二割、七〇億円をかけた道路の断片を残したままである（朝日新聞九七年四月一日）。南アルプスやその他の山林でも林道建設が無駄である上、自然破壊につながるとの批判は数多い。しかし、各省庁は公共事業費を削減することはまれで、増やすことに奔走する。公共事業費の各省別のシェアは省庁の利権そのもので、利権を行使するのに無駄であろうが重複しようがお咎めなしというのが実態である。

## 四　道路建設に群がる政治家・官僚構造

欧州では前に紹介したように燃料油税からの収入を一般会計に組み入れたり、または鉄道の新設と維持管理に投入したりしている。日本では環境保全のうえで欠くことのできない鉄道は、独立採算制度のもとで用地取得費用から列車運行費や金利負担まで、国鉄のちJRの負担と定められていた。反対に道路建設は、国と地方の予算が膨大な規模で投入されてきた。日本では公共交通を拡充整備することができない仕組みになっている。その障害は独立採算性と特定財源制度だ。道路建設は他の公共事業には見られないほど特定財源で保護されている。燃料税を特別会計としてすべてを道路建設に投入する制度は先進国では米国と日本だけで、環境破壊も地球温暖化もなく、道路建設が国の経済成長に不可欠と考えられた時代の制度である。道路財源のような目的税は財政を硬直化させる。目的税化で税金がどれほど増えても、税収は聖域とされて手を付けることができず、道路建設の予算はふえて建設業は潤った。他方、長年政権の座にあった自民党でも道路族の力は強かった。建設省の毎年の予算要求や法案作成には、同党の建設部会の了承が必要で、道路については、同党の道路調査会の事前の承認がいった。建設省の道路局長は自民党の道路調査会を動かして、予算面やプロジェクトの採算性からみて、予算を付けることに否定的な大蔵省の主計局に圧力をかけるのが通例化していた。大蔵省は自民党道路族や建設省道路局より多少は合理的判断能力を持っていたからである。しかし本州四国連絡橋や東京湾横断道路がそうであったように、経済性を無視した事業は自民党の力で決められるのが常であった。

驚くほど採算性を無視した道路建設計画が実施されてきた秘密は、そこにある。道路調査会は自民党政務調査会の一つで、一〇〇名あまりの議員が所属する。建設業界に勢力を振るって蓄財した金丸信は、その会長を二度務め、業界と建設省に影響力を広げた。その後も道路族の議員は、建設省の予算要求を通すために大蔵省に圧力をかけては、道路予算の拡大に努めている。

運輸省が一九九四年に、ドイツなどの例を引きながら道路税収入を鉄道など公共交通の整備の財源に充てる「陸上公共交通整備特別会計」を設ける構想をだしたことがある。旧細川政権のとき政府、与党のあいだで一九九四年二月、整備新幹線の財源として他の公共事業の財源を回すこともありうると申し合わせを受けてである。一方、建設業界は道路財源を他の目的に投入しないように働きかけていた。一九九二年十一月に日本建設業団体連合会、全国建設業協会など建設業界八団体が連名で政府に出した「公共事業予算等に関する要望」では、はっきり「道路整備計画については道路特定財源制度を堅持し、揮発油税、軽油引取税を拡充する」ことを要望していた。こうした流れを背景にした自民党の道路族の圧力に運輸省の構想はつぶされた。自民党と建設省は強く反対して、運輸省は以後他の省庁の財源を求めないとの念書まで取られるような結末となった。九六年九月にも日本道路建設業協会が自民党に対して「道路特定財源諸税の現行税率の堅持と道路整備費」へ全額を当てるよう要望した。環境優先、自動車交通の削減が基本方向として根付いていれば当然の施策である筈の石油税の鉄道への支出が、日本ではこうして閉ざされていく。特権的な道路建設財源を守ろうとする建設業界の要求にそって自民党の道路族が動き、公共交通を整備しようとする施策は切り捨てられていく。

以上の経過が示すことは、利権に群がる建設業界とそれらの利益に沿って動き、私腹を肥やす政治家、その政治家を使って建設省、農水省の事業を増やし、権限の拡大を図る高級官僚の癒着の構造が日本の総合交通政策をゆがめ、道路建設優先の政策がつくられていくことである。これを裏付ける事実は数多い。

例えば元建設事務次官、その後参議院議員で自民党道路族の実力者として腕を振るった井上孝議員が、金丸失脚後の一九九四年十一月に次のように語っている。「僕は全国区だから選挙区がない。選挙は大手ゼネコンだろうが皆が応援してくれる」。インタビューした記者が「族議員が力を発揮するのは公共予算の分捕り合戦が主か」と質問すると、「たとえば道路の五カ年計画は自民党のなかで大蔵省と折衝する。表は建設省の役人が行く。われわれが裏で足を運ぶ。五カ年計画は四三〇兆で決めました。初めは大蔵省は三七〇兆円だった。そんな時われわれは水面下で働く。大蔵省なんか呼び付けて役人を突き上げる。そういうのは政治家が出ていかんとできないですから」と答えた（共同通信社社会部編『談合の病理』）。

これは金丸信の失脚後もかわっていない。高速道路の建設計画を決める国土開発幹線自動車道建設審議会（会長橋本竜太郎首相）が一九九六年十二月末、五年ぶりに開かれ、第二東名、第二名神高速道など、三六区間九八二キロについて基本計画路線から、着工を前提とした整備計画路線に格上げをした（九六年十二月二十六日決定）。

この決定によって第四次全国総合開発計画が二十一世紀初頭の目的としていた一万一五二〇キロのうち七七％が整備計画路線に格上げされた。一九八六年の一〇一六キロに継ぐ大規模な格上げであった。経済同友会でさえ、一九九四年十二月にはこの計画そのものの見直しを提言していた。どのような道路がどの地域に必要かを検討しなければ、ただでさえ二〇兆円を超える借金をかかえた道路公団が、交通量が少なく採算性が悪くて赤字路線となることが必至の計画を進めることに、危惧を表明したのである。だが政府は無視して着工に向かって踏み出した。また同時に日本海沿岸東北自動車道、山陰自動車道など八八六キロについては、整備計画路線にする前段階である基本計画路線に格上げを決めた。こうして政府は道路建設計画をこれまで以上に早いテンポで具体化し、予算を増額していく。

これまで紹介したように、一九八〇年代には自動車交通抑制政策が欧米の多くの都市に広がった。ところが、日本ではそれと反対に、一九八〇年代後半になって大規模な自動車道路建設が計画され、推進された。半面、鉄道交通は国鉄の民営、分割によって通勤、通学など日常生活を支えたローカル路線網は赤字を理由に廃止、縮小された。もっと奇妙なことは、オイルショックの後あれほど政府、財界が一致して叫んでいた省エネルギー政策が、自動車道路建設計画では消えてなくなったことである。エネルギー効率のもっとも低い自動車交通のため、道路建設が交通政策の中心となった。代わりにエネルギー効率の高い鉄道を次々に廃止して、鉄道輸送を縮小していった。交通の主役となるのは、全国のほぼすべての市町村からインターチェンジまで一時間以内で到達できる一万四〇〇〇キロにおよぶ高速道路網の建設計画であった。それが日本の交通需要を満たし、経済をよりいっそう成長させるテコとなるという構想であった。

郵便はがき

料金受取人払

本郷局承認

45

差出有効期間
2003年3月
31日まで
郵便切手は
いりません

113-8790

117

(受取人)
東京都文京区本郷
二ー二七ー五
ツイン壱岐坂1F

緑風出版 行

ご氏名

ご住所 〒

☎ (　　　)　E-Mail:

ご職業/学校

本書をどのような方法でお知りになりましたか。
1.新聞・雑誌広告（新聞雑誌名
2.書評（掲載紙・誌名
3.書店の店頭（書店名
4.人の紹介　　5.その他（

ご購入書名

ご購入書店名　　所在地

ご購読新聞・雑誌名

このカードを送ったことが　有

## 読者通信

今回のご
購入書名

ご購読ありがとうございました。

◎本書についてのご感想をお聞かせ下さい。

◎本書の誤植・造本・デザイン・定価等でお気付きの点をご指摘下さい。

◎小社刊行図書ですでにご購入されたものの書名をお書き下さい。

## 購入申込書

小社刊行図書を迅速確実にご入手いただくために、このハガキをご利用下さい。ご指定の書店あるいは直接お送りいたします。直接送本の場合、送料は一律三一〇円です。

書名

定価　円

ご注文冊数　冊

ご氏名

ご住所

☎

ご指定書店名

同書店所在地

取次店番線
この欄は小社で記入します。

## 五　破産状態にある東京湾アクアライン

それでは交通体系の柱として進められた過去の道路建設の実績を検討してみよう。果たして適切な計画であったのかどうか。計画は経済性が保証され、当初に期待された通り、交通需要を満たすものであったのか。交通事情の改善に寄与し、地域経済の発展に役立ったのか。先に述べた閣議決定により実施された総務庁の行政監察局の報告、勧告が二〇〇〇年八月初めに発表された。それによると実態はそうではなかった。「高速道路に関する行政監察結果報告書」は「一、有料道路事業の透明性・採算性の確保」の章でアクアラインと本州四国連絡道路を具体例として挙げている。有料道路事業として採算性が悪い代表的事例と行政監察局が見なしているからであろう。

### アクアライン計画と実績

アクアラインの当初計画を策定した一九八七年度には、完成初年度の交通量は一日三万三〇〇〇台、二十年後には六万四〇〇〇台、通行料金は普通車四九〇〇円、大型車は八一〇〇円とした。ところが事業の完成年度である一九九七年度には、事業を取り巻く情勢の変化に対応して、事業許可された償還計画上の計画交通量を完成初年度には一日二万五〇〇〇台、二十年後五万三〇〇〇台に引き上げ、基本料金を開始後五年間は普通車を四〇〇〇円、大型車を六六〇〇円へと値下げした。

表7-4　アクアラインの計画交通量と実積交通量　（単位：台／日、％）

| 項目＼年度 | 1997年度（供用初年度） | 1998年度 | 1999年度（4月～2000年1月） |
|---|---|---|---|
| 計画交通量（a） | 25,468 | 28,702 | 31,581 |
| 実績交通量（b） | 11,876 | 9,996 | 9,651 |
| b／a　％ | 46.6 | 34.8 | 30.6 |

（注）1　道路公団の資料により総務庁が作成した。
2　供用初年度である97年度は、97年12月から98年3月までの4か月間の実績である。

出所）「高速道路に関する行政監察報告書」行政監察局

また、償還計画の償還期間は当初の三十年から四十年へと延長することにより事業の採算性を取ることに変更した。

ところが実績交通量は九七年度では計画交通量に比べて四七％、九八年度三五％、九九年度三一％に止まっている（表7―4）。いうまでもなく計画交通量は償還計画の基礎となる収入源として期待しているもので、実績交通量がこれを大幅に下回れば経営はいっそう厳しくなる。アクアラインの収入実績は一九九七年度五二億円（償還計画の四四％）、九八年度で一四八億円（償還計画の三二％）であるが、同年の管理費は五六億円、支払い金利は四一二億円、支出は計四六八億円で、収入はそのわずか三六％でしかない（表7―5）。交通量に大幅な増加がなければ計画通りの収入は得られず、償還が計画通りできないだけでなく、利息支払いのために借入金を増やさなければならないというサラ金地獄に陥るのは必至である。支払い金利額・概算四〇〇億円の通行料収入を得るには普通車で一日平均二万七四〇〇台の通行量がなければならないからだ。

九八年度末の未償還残高は一兆四一一八億円で、計画額一兆三九八二億円をわずか開業二年で一三六億円も上回った。

こうした現状につき道路公団は一九九九年十二月、「千葉地域高速道路網検討会」で検討した結果、次のように提言した。

(1)　四十年の償還期間を京葉道路などとプール化したうえで五十年に延長する。

(2)　通行料金を供用開始後五年間四〇〇〇円を二〇〇七年まで三〇〇〇円、二〇一二年まで四〇〇〇円、二〇一三年以降四九〇〇円に値下げし、交通量の増大を図る。

表7-5　アクアラインの収支状況

（単位：百万円、%）

| 項目 | 年度 | 1998年度 | 1999年度 |
|---|---|---|---|
| 収入 | 計画（a） | 46,143 | 50,258 |
| | 実績（b） | 14,805 | — |
| | b／a% | 32.1 | — |
| 支出計 | 計画（a） | 62,207 | 64,004 |
| | 実績（b） | 46,844 | — |
| | b／a% | 75.3 | — |

出所)「高速道路に関する行政監察報告書」行政監察局

しかしこれは小手先の操作でその場をしのごうとしていると言われても仕方あるまい。このような手段で打開できるようなあまい事態ではないからである。通行料金を三〇〇〇円に値下げするとすれば普通車で一日三万六〇〇〇台の通行台数が必要となるが、現在の通行量の三倍半にのぼるこの数字は空想でしかない。

事実アクアラインは破産状態であるが、こういう状況を生んだ原因は計画交通量の推計の誤りにある。行政監察報告書では「アクアライン交通量推計の経緯」として推計モデル・パラメーター等を紹介しているが、正否を検討する素材は一切示されておらず、また計画交通量を推計した根拠についても触れていない。そして、監察報告書の勧告の最後の項目で、

「建設省は道路公団に対して、アクアライン事業の透明性と事業の採算性を確保する観点から次の措置を講ずるよう指導する必要がある。

(1) 償還計画策定上の収入額の基礎となる計画交通量については、実績交通量の推移などを踏まえ、推計精度の向上を図ること、

(2) 増収対策、維持管理経費の縮減対策を実施すること」

と建設省に対して勧告しているだけなのである。

だがこれは筋違いではないか。日本道路公団はアクアライン建設計画には関与しておらず、建設省がアクアライン計画の経済性を計算し、建設の正当性を検討して決定したもので、道路公団はアクアライン完成後、経営を委託されたに過ぎない。経済計算の基礎となる計画交通量は建設省が策定したもので、日本道路公団の責任事項とするのは適当ではあるまい。そもそもアクアラインの建設計画を決定したこと自体が、計画当時から疑惑の対象であった。

## アクアライン建設計画の疑惑

東京湾横断道路の計画がどのようないきさつで決まり、着工にまでこぎ着けたか、著者は『大量浪費社会』(技術と人間)で詳しく紹介した。要するに新日本製鉄と鹿島建設が中心となり、鉄鋼業界と建設業界が日本プロジェクト産業協議会(ＪＡＰＩＣ)を作り、ＪＡＰＩＣが企画した計画を自民党が支持して建設省が事業企画を受け入れた工事であった。受注業者が工事計画を作り、政府

に受け入れさせ、そして受注するという受注側が主導した事業で、初めから採算性は机上の空論でしかなかった。しかも工事費は計画当時には一兆一五〇〇億円といっていたのが中途で一兆四八二三億円に跳ね上がった。全長一五・一キロであるので一メートルの建設費はほぼ一億円、過去最高の建設コストである。

工事入札についても談合の疑惑は付きまとっていた。九二年二月から八工区に別けて入札が行なわれた。建設省の「工事請負業者選定事務処理要項」は「経営状況が著しく不健全と認められる会社は指名しない」と定めている。ところが、四四二億円の赤字を抱え公共工事の受注は困難と見られていた飛島建設が、最高額の工区を仕切る共同企業体の代表企業として落札した。代表企業として受注が確実と見られていた佐藤工業は代表から外れた。その後毎日新聞は飛島建設の名誉会長植良祐政氏からいきさつを取材した。それによると「金丸さんにお願いした。当時、うちには赤字があって指名されるかどうかと言う問題があって富士銀行に口添えを頼み、それから金丸さんに頼んだ」。それが金丸の建設業者からの巨額の収賄の一部となったことは言うまでもない。別のゼネコン役員は、飛島が土壇場で金丸を使ったことは分かっていた。一般論だが成功した場合取り分の一%を届けるのがしきたりだ。飛島ほか二社の共同企業体の工区の落札額は二六六億円、飛島の取り分は一〇一億円であった（毎日新聞社会部『政治腐敗を撃つ』毎日新聞社刊）。

その交通量は、工事を具体化するため、つじつまを合わせただけの数字であった。計画が決まった当時、東京湾横断道路の計画交通量は木更津と千葉間の一日交通量よりも多かった。千葉―木更津間の交通量よりも横断道路の交通量が多くなることはないはずだ。それほどの自動車が通行することは有り得ないとも追及されたが、建設省は根拠を示さないまま着工した。『週刊新潮』に「いったい、誰が利用するんだ。木更津のあさりを川崎に売りにいこうとでもいうのか」と冷笑される程であった（一九八九年六月八日号）。建設省の担当官自身が「神風が吹いたようなものです」といったほどで、実施できる案件とは考えていなかったのである。

もともと建設省の計画交通量は根拠のない架空の数字で、アクアラインの建設を正当化するために作られた数字であった。筆者もその事を取り上げたが、通行台数は残念ながら筆者が当時の中曾根内閣が着工を決定した時に予測したとおりの結果となった（宮嶋信夫編『大量浪費社会』技術と人間刊）。

東京湾横断道路とは本来、橋を作る経済的根拠がなかったのを建設省が根拠があるかのように見せるために架空の数字を用いただけのものであった。それをあたかも現実的計画であるかのように見せかけたのはＪＡＰＩＣ（日本プロジェクト産業協議会）という経済調査機関であった。

ＪＡＰＩＣは数百ページの調査報告書を作成して東京湾横断道路の建設は経済性が成り立つこと、木更津を中心とした千葉地域と川崎を結ぶことによる経済的効果が極めて大きいことを、中曾根内閣と与党に説得し、東京湾横断道路計画を建設省に売り込み、政府の決定に押し上げた。その計画実現のために鉄鋼業界、建設業界の中心グループが政界工作に奔走したプロジェクトであった。

表7-6　本州四国連絡橋道路の収支状況

（単位：億円）

| 区分／年度 | 収　入 | 費　　用 | | | 収支差（当期欠損金） | 収支率 | 金利抜き収支率 |
|---|---|---|---|---|---|---|---|
| | | 管理費 | 金　利 | 計 | | | |
| 1994年度 | 438 | 157 | 978 | 1,135 | ▲697 | 259% | 36% |
| 1995年度 | 623 | 142 | 997 | 1,139 | ▲516 | 183% | 23% |
| 1996年度 | 508 | 141 | 930 | 1,071 | ▲563 | 211% | 28% |
| 1997年度 | 606 | 146 | 907 | 1,053 | ▲447 | 174% | 24% |
| 1998年度 | 856 | 192 | 1,353 | 1,545 | ▲689 | 180% | 22% |

出所）行政監察局

## 六　危機にある本州四国連絡道公団

一九九九年五月、尾道―今治ルートがほぼ完成したことにより、本州四国連絡道の三ルートは完成した。八八年開通した瀬戸中央自動車道、九八年に開通した神戸―鳴門ルートの三ルートが完成し、本州・四国の交通は円滑化し一体化の方向に進み始めたという。ところがここでも有料道路の収支は厳しい状況に直面している。一九九六年度が収入五〇八億円に対して費用は一〇七一億円で赤字が五六三億円、九七年度は収入六〇六億円に対して費用は一〇五三億円で赤字四四七億円、九八年度は収入八五六億円で費用は一五四五億円で赤字が六八九億円と赤字が増える傾向にある（表7―6）。

費用の内訳でもっとも大きい部分は、支払い金利で九四年度では収入の二倍以上、九七年度で一・五倍、九八年度で収入の一・八倍となっている。

九八年度末の道路資産総額三兆五三二五億円と欠損金累積額は八三七七億円で借入金合計は四兆三七〇二億円となり、三ルート完成後の通行料金収入によってもこれだけの借入金の円滑な償還を進めることは極めて困難である（表7―7）。現行の償還計画はそれまで三十三年間であったものを九七年に変更、五十年間となった。

しかし、現状では本州四国連絡橋公団はもちろん、出資している岡山、兵庫、徳島、大阪など一〇の府県市の財政までも圧迫する。すでにそれら自治体の負担額は一九九八年度末で一九五二億円となっている。それに加えて一九九八年度から二〇一二年度まで各自治体は三七九六億円、国は七五九二億円、累計で一兆三八八億円を出資することになっているからだ。

児島―坂出ルートは一九八八年度に完成したが、完成時の通行量は一日二万四九〇〇台と予測し、通行料金は普通車で五六八〇円（児島インターと坂出インター間）と決めた。ところが初年度はめずらしさもあって通行台数は一日平均一万台を越えたが、翌年には一万台以下に減少し、開通後十年たった九八年現在、二割程度の往復割引制の新設などで優遇策をとっても予測台数の六割程度に過ぎない。

本州四国公団の場合も赤字が増える原因は、収入の基礎となる計画交通量に対して、実績交通量があまりに低いことである。行政監察局の監察報告によれば、計画交通量は一九九三年度にはじまる第一一次道路整備五カ年計画の策定に当たって建設省が推計した自動車走行台キロの将来予測に基づき算出したという。その将来予測は九八年度に決定された新道路五カ年計画の将来予測により大幅に下方修正されたという。二〇一〇年度の予測走行台キロが山陽ブロックでマイナス一八％、四国ブロックでマイナス二四％に修正されたため推定根拠が変動したことによる影響を検証する必

### 表7-7　本州四国連絡橋道路の資産総額内訳

（単位：億円）

| 区分 / 年度 | 道路資産総額 | 借入金残高 | 欠損金 |
|---|---|---|---|
| 1994年度 | 25,871(100) | 32,033(124) | 6,162(24) |
| 1995年度 | 28,497(100) | 35,175(123) | 6,678(23) |
| 1996年度 | 31,065(100) | 38,307(123) | 7,242(23) |
| 1997年度 | 34,017(100) | 41,705(123) | 7,688(23) |
| 1998年度 | 35,325(100) | 43,702(124) | 8,377(24) |

( )内の数値は、各年度の道路資産総額を100とした指数　出所）行政監察局

### 表7-8　瀬戸自動車交通量の計画値と実績値の推移

（単位：台／日）

| 年度 | 計画交通量 88年度計画 | 計画交通量 91年度計画 | 計画交通量 97年度計画 | 実績交通量 | 実績比率 88年度計画 | 実績比率 91年度計画 | 実績比率 97年度計画 |
|---|---|---|---|---|---|---|---|
| | | | | | % | % | % |
| 1988年度 | 24,900 | | | 10,823 | 43 | | |
| 1989年度 | 26,040 | | | 9,070 | 35 | | |
| 1990年度 | 27,240 | | | 9,809 | 36 | | |
| 1991年度 | 28,410 | 11,370 | | 11,262 | 40 | 99 | |
| | 〈100〉 | 〈40〉 | | | | | |
| 1992年度 | 29,620 | 13,200 | | 11,974 | 40 | 91 | |
| 1993年度 | 30,890 | 15,330 | | 12,639 | 41 | 82 | |
| 1994年度 | 32,210 | 17,790 | | 13,688 | 42 | 77 | |
| 1995年度 | 33,580 | 20,670 | | 14,404 | 43 | 70 | |
| 1996年度 | 34,930 | 24,020 | | 15,211 | 44 | 63 | |
| 1997年度 | 36,340 | 27,920 | 15,860 | 16,126 | 44 | 58 | 102 |
| | | 〈100〉 | 〈57〉 | | | | |
| 1998年度 | 25,890 | 21,490 | 17,390 | 15,793 | 61 | 73 | 91 |
| 1999年度 | | | 16,650 | 15,471 | | | 93 |

出所）行政監察局

要があると指摘する。

だが根本問題は建設省が推計した自動車走行台キロの将来予測を根拠に計画交通量を算定したところに誤算の原因があると筆者は考える。一九八八年の計画交通量に比べて実績交通量が四〇％前後にとどまり続けたため、計画交通量を一九九一年に改定縮小しなければならなかったのはそのことを示すものだ（表7―8）。

経済計算のずさんさといい、その中身のごまかしといい、根本問題は当初の本州四国連絡道の三ルート建設決定にさかのぼる。いきさつは次の通りであった。

一九六七年七月、衆議院建設委員会で後の首相・大平正芳氏は「本州、四国を結ぶ連絡橋は一つである必要はない」と主張し、一本でよいとする当時の佐藤栄作氏に反論した。一本の場合、最有力と見られていたのは神戸―鳴門ルートであった。徳島県出身の三木武夫氏はこれを強力に推進していた。大平氏は香川県出身で地元経済界の欲求を代弁した。大平氏対三木氏の争いは「総理・総裁に架ける橋の争い」と言われたほど広く知られていた。当時の大蔵省は複数では採算は取れないとして強く反対した。だが大蔵省当事者を押し切って三ルートすべての建設を決めたのは一九七〇年の予算編成の際、当時の自民党幹事長・田中角栄であった。また、大蔵省が原案では削除していた本州・四国連絡橋公団の設立も田中氏は認めた。

オイルショックによって延期されていた児島―坂出ルートを着工した一九八七年に本州・四国連絡橋公団は橋の経済効果を推計した。それによれば観光客は増え、企業立地が進んで四国の人口は九〇年まで七万八〇〇〇人増え、本州・四国間の輸送量は旅客・貨物合わせて一・五倍になる。橋の償却期間の三十三年間には橋の収入は建設費と維持費合計の三倍となる、というバラ色の夢を描いてみせた。

ところが、一九九八年現在、夢は崩れて児島―坂出ルートの建設費の半額以上の八〇〇〇億円を超える赤字が累積した。今後さらに増加すると予測される。一九九八年四月から児島―坂出ルートの基本料金を七％下げ、さらに今後の五年間は二〇％引き下げることを決めた。しかしそれでも交通量は一割程度増えるに過ぎないと言う。九七年に償還期間を三十三年から五十年に延ばしたが、このため返済総額は利子、管理費と合わせると八兆五〇〇〇億円から一一兆一〇〇〇億円へ増えると言う。

本州・四国連絡橋公団がどれほどの赤字を累積していくか、その根本原因は橋を架けたいという地元出身政治家、自治体、官僚、それを支えてきた建設業界の私利私欲にあった。しかしこれが日本の公共事業の最大の分野、道路建設事業の性格を示す典型である。政治家と建設官僚は経済性を無視して道路建設を計画し、その計画を実現するためのつじつま合わせが経済計算であって、当初から数字の信頼性はなかった。また、いたるところで生じている過大な計画交通量と実績交通量の大きな格差による収入の減少という事態は、当初から予測されたことであり、赤字発生は当然の帰結であったことを物語る。道路建設を正当化する根拠は全然ないのにただ建設したい、それには経済的に成り立つような計画交通量を示さなければならない、として作られた数字だった。

具体例として東京湾アクアラインと本州四国連絡道を挙げたが、道路建設計画のずさんさと経済性の悪化は、これにとどまらない。なかでも道路公団が営業する一般有料道路については、行政監察報告書も指摘する通り、計画交通量と実績交通量の格差が大きく、全国の五八道路のうち四二道路の実績交通量は計画以下、そのうち収支差損が生じている道路が二六道路となっている。計画交通量に対して実績交通量の比率が一〇〇以下、九〇以上の路線は二、七〇以上九〇未満の路線は一、五〇以上七〇未満の路線は一〇、五〇未満の路線が一三にものぼっている（表7―9）。収入で見ても収入実績の計画額に対する比率は平均して四二・八％にとどまり、過大な収入計画のもとに道路建設計画を進めている状況が良く分かる。

道路公団の高速道路の路線についても、路線別収支は似た傾向にある。北海道から沖縄までの三六路線のうち費用が収入額以内にとどまっている収支率一〇〇未満の路線は一四路線、費用が収入額を超える収支率一〇〇以上の路線が二二路線となっている。なかでも一九八五年以降開通の路線はすべて収入を費用が超えている。道路公団全体の収支が悪化し、負債額が増加する要因はこのような新設の道路の経済性の低さにある。

新設道路の経済性の低さは、近年の路線は地形的条件が悪く、山岳地帯でのトンネル、橋梁の敷設などによって道路建設コストが上昇する傾向にあるからである。二つには高速道路を建設した地域で高速道路を必要とするほどの交通需要があったのかという根本的な理由があげられる。京浜、中京、阪神の大都市圏と本州縦断路線を除けば、全国各地で交通量の少ない高速道路は少なくない。

それら路線では当然収支率も悪く、なかには東京湾アクアラインなどのように過大な需要を見込んで建設した道路もあるはずである。道路公団運営の一般道路では、行政監察局が指摘する通り、需要を過大に見積もって建設許可をえた道路が少なくない。高速道路の路線も他の路線との連携性を

**表7-9　供用中の一般有料道路において交通量実績が計画を下回り、収支率が100を上回っている道路の状況**

一般有料道路の日平均交通量

（平成10年度）

| 区　分 | 10年度末 | | |
|---|---|---|---|
| | 計画以下 | 計画以上 | 計 |
| 高速代替道路（A'路線） | 13 [76%] | 4 [24%] | 17 (18) |
| 道路網自動車専用道路（B路線） | 9 [75%] | 3 [25%] | 12 (12) |
| その他道路（単独路線） | 20 [69%] | 9 [31%] | 29 (29) |
| 合　計 | 42 [72%] | 16 [28%] | 58 (59) |

| 区　分 | 交通量比率（実績／計画：%）分布 | | | | | | 収　入 | | |
|---|---|---|---|---|---|---|---|---|---|
| | 100以上 | 90以上100未満 | 70以上90未満 | 50以上70未満 | 30以上50未満 | 30未満 | 計画額 [A]（百万円） | 実績額 [B]（百万円） | B／A (%) |
| 高速代替道路（13道路中10道路:76.9%） | 0 | 1 | 1 | 4 | 3 | 1 | 24,483 | 12,543 | 51.2 |
| 道路網自動車専用道路（9道路中3道路:33.3%） | 0 | 0 | 0 | 1 | 2 | 0 | 26,781 | 12,102 | 45.2 |
| その他道路（20道路中13道路:65.0%） | 0 | 1 | 0 | 5 | 5 | 2 | 113,387 | 45,886 | 40.5 |
| 合　計（42道路中26道路:61.9%） | 0 | 2 | 1 | 10 | 10 | 3 | 164,651 | 70,531 | 42.8 |

出所）　行政監察局

重視するあまり、個別路線の交通需要を軽視して建設した路線もあると思われる。新設路線が軒並み経済性に劣るのはそのせいであると思われる。

道路公団の一九九八年度現在の供用している高速道路の総延長は六五〇〇キロ、国の一万四〇〇〇キロ計画によればさらに五〇〇〇キロが加わることになる。それらの路線は本州横断路線など交通需要が多くない半面、地形的条件が悪く工事費がかさむ路線が大部分で経済性は悪化する。それに日本の山脈の中枢部の自然環境を破壊し、その影響は予測できない。日本列島を網の目のように高速道路を張り巡らす、現在の計画は大幅に縮小する段階に入っている。財政状況と自然環境的条件がそれを求めている。

このような道路建設計画を軸とした日本の国土開発計画は繰り返し策定され、国土は開発の対象として切り刻まれた。緑の自然は失われ、田園地帯や山岳部に道路が広がり大気汚染は全国に広がった。こうしたなかで、自然を壊す開発より自然を残そうという視点から、国土開発計画はいらない、日本の国土、自然環境を守ろうとの意見が現われてきた。第五次全国総合開発計画を作るに当って国土開発審議会の下川辺淳会長や朝日新聞も「全総はもういらない」と言い、朝日新聞は社説で全総は国土保全ではなく、国土の破壊ではないかと批判している。当然のことである。東京湾の入り口、伊勢湾の入り口、和歌山県と淡路島、四国と九州大分県、そして九州では島原と天草と長島（鹿児島県）と三県をまたぐ橋を造ろうという計画だからだ。橋を造ることで潤う鉄鋼業界、建設業界、それに工事によって潤う地元経済界をバックとした各県当局、地元出身の政治家が政界、官庁工作に専念した結果が五全総である。東京湾横断道路建設の企画を作り、それを与党の自民党と建設省に売り込んだのと同じ構図が今も生きている。地域振興に役立つという名目で東京湾でも本州四国間でも経済性を度外視して橋を作り、日本の財政を食い物にしてきた、見慣れた構造である。だがその結果として工事費十数兆円か数十兆円かは国民が負担を強いられる。

## 七　道路建設は交通量の増加、環境悪化の要因——英仏の政策転換

この章でこれまでは道路建設が、どれほど採算性が欠けるか、どれほど財政的負担を重くしているか、なぜそのような不合理なことが日本で実施されてきたか、をみてきた。日本では道路建設は渋滞を解消、もしくは緩和し、大気汚染の改善に貢献するという議論が大勢を占めた。建設省の考えがそうである。道路建設を正当化してきたのはそれであった。これに対して、反対の結論を出した研究がある。イギリス運輸大臣の常設の諮問委員会（SACTRA）が九四年五月に提出した報告書「幹線道路と交通の創出」がそれである。同報告は膨大な資料を分析した結論として、道路の建設は自動車交通量を増加させている、という事実を立証した。そして道路建設が引き起こす新たな交通を「誘発交通」と規定した。そのまとめによれば、

一、あらゆる資料を検討した結果、誘発交通はかなり大規模に発生している。その規模は個々の条件により異なる。

二、小規模な誘発交通を無視することにより、道路計画の経済性は過大に評価される。
三、誘発交通は道路網の容量が限界に近いとき、最大となる。
という事実を明らかにし、交通政策作りの理論的前提とした。

これは一九九六年四月の交通白書（グリーン・ペーパー）「交通・将来への道」として発表され、九九年十二月には交通政策文書「ホワイト・ペーパー」として、交通政策の総合的方向を示す文書として発表された。ホワイト・ペーパーは「交通におけるニューディール」と題され、巻頭でプレスコット副首相は「過去二十年間、規制緩和のイデオロギーが交通政策を支配してきた。バスと鉄道は衰退し、自動車交通の増大は渋滞と環境を悪化させた。このホワイト・ペーパーは渋滞と環境悪化を克服する統合交通システムを作り出すことをめざすものである」と述べた。そして交通需要に対して道路建設で対応することは不可能であり、公共交通の充実を軸とした統合的システム作りを実行することを明らかにした。

誘発交通の典型的な事例は一九八六年に完成したロンドンの外周道路M二五で、すべての区間で一九九二年の実測交通量は予測交通量を超え、その差は少ない地区で予測量の三割増、多いところでは実測量は予測量の二・五倍に達している。

日本でも大都市部に限らず、都市部における渋滞解消を目的とした道路建設は、ほとんどが同様の「誘発交通」を著しく増大させている。それを立証する事実はほとんどのドライバーが体験していることである。日本全土を結ぶ高速道路ネットワークも中・長期的には全体として自動車交通量を増大させていることは、道路公団などの交通量統計が示す通りである。

自動車交通量の増大が大気汚染など大都市の環境を悪化させることは周知のことである。だが日本では渋滞解消、大気汚染の改善のために大都市でも道路建設が依然として進められている。ところが大気汚染防止のための決め手として幾つかの大都市では自動車交通の削減に踏み切っている。ここではフランスの例を挙げよう。フランスではパリ、マルセイユ、ストラスブールなど三五の市町村が参加してノーカーデーが実施された。一九九八年九月二十二日のことであった。同日朝七時から夜九時まで各都市の主要な地区ではバス、タクシーなど公共の乗り物以外の乗り入れを禁止した。自家用車の無制限の使用は大気汚染、騒音など環境悪化の原因となり、渋滞を助長するだけ、として国土・環境省が呼び掛けてノーカーデーの実施となった。自動車に代わるものとして、パリでは市庁舎前などに大量の自転車を用意して貸し出した。

ノーカーデー実施の背景となったのは一九九五年二月制定された国土整備開発基本法、九六年十二月に施行された大気とエネルギーの合理的利用法―通称・大気汚染防止法である。大気汚染防止法では二酸化硫黄、二酸化窒素、オゾンについて三段階の基準値を設け、もっとも汚染度が高いレベル三を超える場合、ナンバープレートの偶数、奇数によって通行を規制することを定めた。パリ首都圏では三汚染物質のうちどれか一つがレベル二を超えて、気象条件から悪化が予測される場合にはパリ警視庁は隣接県知事と合意できれば翌日早朝から交通規制を実施することになっている。この交通規制が実施されればパリ交通公団（ＲＡＴＰ）の地下鉄、バスは無料となる。

この制度は、発足後一年たらずの間に実施された。一九九七年十月一日、早朝、テレビのニュースはナンバープレートが偶数の自家用車は今日は走れないと伝えた。同日午前五時半から深夜零時まで、奇数ナンバーの車だけがパリおよび周辺二二の市町村で走行を許可された。その理由は九月三十日に大気汚染物質のうち、二酸化窒素の濃度が警報値レベル三を、パリ一二区と周辺都市で超えたためで、ヴォアネ国土・環境大臣が交通削減を決定した。そして該当地域のバス、地下鉄および鉄道など公共交通手段を無料とした。その後大気の汚染が改善したので同日夕刻、二日零時から強制措置を解除すると発表し、自動車交通規制は一日で終わった。自動車交通量はパリ市内で正午に一五％減、外環道路で三五％減であったという。公共交通の利用は、パリ交通公団によると利用者は一〇％増、損失は一三〇〇万フランであったというが、うち国が七〇％、自治体が三〇％を負担するという。

フランスではその後人口一〇万人以上の都市では、自動車交通の抑制と他のクリーンな交通手段の推進を目的とする「都市計画（ＰＵＤ）」を一九九八年末までに策定することをきめた。クリーンな交通手段とは公共交通、自転車、ガス・電気自動車などである。

イギリス、フランスで一九九〇年代後半に活発となった、このような道路建設の抑制、自動車交通の削減を具体化しようとの政策展開は、日本も道路建設最優先の政策を転換する時期にあることを示唆するものである。日本でも大都市では大気汚染はまったく改善されず、パリに近い状況だし、道路建設による誘発交通は全国で増大し、環境悪化を助長しているからだ。

# 第8章　時代に逆らう日本の新交通政策

## 一　運輸官僚も批判する現在の政策

現在施行中の交通計画は、直接の立案者であり、執行者でもある運輸官僚によっても修正が検討されていた。運輸省の外郭団体でその資金援助を受けている研究機関、運輸経済研究センターは運輸・交通の地球環境に対する負荷についての提言を発表した。一九九四年のことである。第二章、第三章で紹介した欧米諸国の公共交通への転換状況を調査したうえでの結論ともいえるものである。「環境にやさしい交通体系の形成をめざして」という題で、主な点は次の通りである。

「日本の産業分野のなかで運輸部門は、化石燃料の消費量の増加率がもっとも高い。地球温暖化を防止し、地域的環境をまもるには、自動車交通の削減、鉄道など公共交通への転換が不可欠である。解決を迫られている環境上の緊急課題はいくつかあるが、日本での優先順位は以下が適当である。

第一は、都市地域でのディーゼル微粒子、$NO_2$の低減、第二は、騒音の低減、$CO_2$の排出抑制、第三は、交通施設整備にともなう自然環境配慮、という順位である。このような優先順位にしたがって環境問題の解決を図っていくには、自動車利用の優位性を変える必要がある。その方法は、①鉄道、海運の利便性を上げて、自動車利用の優位性を変化させる。②自動車利用に対する経済的負担を高める措置や規制措置により自動車利用の優位性を低める、その組み合わせがある。自動車利用に対しては通行料金、税金等の引上げや創設により経済的負担を高め、特定の地域では自動車の流入規制などを目指す。具体的には、自動車利用を抑制するために自動車の通行料金、燃料価格等の経済コスト負担を高くすることを検討する。そして、現行の税制については環境保全の観点から関連する税制全体の在り方について再検討する必要がある。

『環境にやさしい交通体系』を実現するには、『受益者負担および汚染者負担の原則』を確立し、Aの交通機関の利用を抑制し、Bの交通機関の利用を促進することが望ましい場合には、Aの負担でBの利用を促進するといった方策についても検討する必要がある」

遠慮がちにA、Bとしているが、Aは自家用乗用車、Bは鉄道など公共機関を指す。自家用乗用車の利用者負担で鉄道施設を増強するといった方策である。ドイツでは自動車の燃料税の収入で鉄道建設などに投資しているなどごく当然のことである。

緊急課題のうち、ディーゼル微粒子、窒素酸化物、道路騒音、$CO_2$は原因が主として自動車交通にあり、自動車交通総量の抑制対策、自動車交通流対策、公共交通機関利用促進対策としての規制措置、経済的ディスインセンティブ措置（経済負担の増大策）などを考える必要があると提言した。

そのほか交通システムの在り方についても改善を提言した。旅客輸送について、東京―大阪間の東海道新幹線と、東名、名神高速道路で比較すると、土地利用の面で単位輸送量当たり六・六倍を道路が多く占有している、と言う。土地占有面積の大きさが自然環境に対するインパクトをあたえるとの見方で、自動車交通の非経済性を指摘するなど、現在の交通体系の核心についても批判している。そして交通手段毎の土地占有面積は、旅客輸送の場合、鉄道を一として、自動車は八・一、航空機一・五、貨物輸送の場合は同じく自動車三・三となる。新規に建設する場合、自然の土地占有比率のもっとも少ない交通手段・鉄道を選ぶことを推奨している。

欧州諸国の総合交通計画では、すでにこの程度のことはとっくに実行している国も多い。その意味では、欧米の交通計画に模倣した程度のことではあるが、一応、日本でもこれで欧米並みの鉄道重視の方向へと転換していくのかと期待させる内容を含んでいた。「環境に優しい交通政策」をまとめた「環境にやさしい交通体系の形成のための調査委員会」一八人のなかには大学教授などと並んで運輸省運輸政策局の総合計画課長など、政策立案にかかわる七人の課長たちが参加していたからである。外部の学者も調査委員会には参加しているが、これ程運輸政策局の課長たち政策立案責任者が委員となっているからには、運輸省の政策当事者の見解が表現されたものと受け止めるのが当然であろう（表8―1）。

## 二　自動車業界擁護の新交通政策――運輸政策審議会報告

ところがそれから三年後の一九九七年四月、交通政策を決定する運輸大臣の諮問機関、運輸政策審議会が出した「運輸部門での地球温暖化問題への対応方策」は、はるかに後退した内容となっていた。日本の運輸政策を策定するのがこの審議会の任務であるから、日本の地球温暖化防止対策は運輸政策審議会の報告に沿ったものとなり、その枠をこえることはない。ほとんど新聞でも目に付かないほどの扱いでしかなかったが内容は重要である。運輸政策審議会が出した対応方策では、$CO_2$削減策として自動車単体についての対策を第一に挙げている。第二が単体対策の効果をあげるための技術開発。第三がよりエネルギー効率の好いモードへと誘導する施策の必要性、としている。第四が$CO_2$排出抑制のための国民の意識向上策、第五が一定の地域における自動車の利用抑制、となっている。運輸省の政策担当官などが作成した「環境にやさしい交通体系の形成を目指して」でも環境が最優先の課題であり、そのためには自動車交通を削減することが必要と提言していた。ところが運輸政策審議会の政策には自動車交通の削減という方針はない。

基本的考え方のうえで、根本的な違いがある。前の「環境にやさしい交通計画」は、交通体系を自動車中心から環境的にもエネルギー消費効率でもはるかに優れた鉄道中心の公共交通への転換が必要である、との認識に立っていた。ところが、運輸政策審議会は、現在の自動車交通を中心とし

表8-1　環境にやさしい交通体系の形成のための調査委員会

| | | |
|---|---|---|
| 委員長 | 八十島義之助 | 帝京技術科学大学長 |
| 副委員長 | 中村　英夫 | 東京大学工学部教授 |
| 委　員 | 太田　勝敏 | 東京大学工学部教授 |
| 〃 | 鹿島　　茂 | 中央大学理工学部教授 |
| 〃 | 杉山　雅洋 | 早稲田大学商学部教授 |
| 〃 | 大聖　泰弘 | 早稲田大学理工学部教授 |
| 〃 | 竹内　　啓 | 東京大学先端科学技術研究センター教授 |
| 〃 | 森嶌　昭夫 | 名古屋大学法学部教授 |
| 〃 | 土器屋由起子 | 気象大学校教授 |
| 〃 | 川岸　近衛 | 読売新聞論説副委員長 |
| 〃 | 栗原　宣彦 | 日本経済新聞論説委員 |
| 〃 | 山本　達見（上田信一） | 運輸省運輸政策局政策企画官 |
| 〃 | 長田　　太（久保成人） | 運輸省運輸政策局政策企画官 |
| 〃 | 川上　五郎 | 運輸省運輸政策局総合計画課長 |
| 〃 | 齋藤　芳夫（福本秀爾） | 運輸省運輸政策局エネルギー対策室長 |
| 〃 | 柴田　耕介 | 運輸省運輸政策局環境・海洋課長 |
| 〃 | 磯田壮一郎（東澤　聰） | 運輸省運輸政策局貨物流通企画課長 |
| 〃 | 大庭　靖雄（上子道雄） | 運輸省運輸政策局複合貨物流通課長 |

た交通体系を維持していく、そのうえで技術的手法で地球温暖化に対処するという姿勢を堅持している。地球環境問題と同じ原因で起きている大気汚染や騒音など、地域的環境問題で改善の兆しさえ見えず、渋滞により交通手段として行き詰まっている自動車交通問題の打開策も示していない。

そして「環境にやさしい交通計画」で重視していた自動車交通が引き起こす環境への負荷を自動車利用者に負担させる、経済的負担を高めて自動車交通の優位性を崩し、鉄道など他の公共交通に転換させるという方針はない。そのために道路建設投資を異常に肥大化させてきた目的税としての燃料税などを改め、公共交通など他の交通手段に投資するという方針は審議会の報告では消滅している。

それに替わって技術的手段だけを重視し、それにより$CO_2$の排出削減が実現できるとの認識にたつ。運輸政策審議会が$CO_2$排出削減ための第一の方策とする単体についての対策が効果がないことは、すでに立証済みである。$NO_x$対策として日本で実施したのが自動車それぞれからの$NO_x$排出量を技術的改良により削減する単体規制であった。だが単体規制により一台ずつの排出削減をおこなっても、交通量全体が増加すれば、当然帳消しになる。事実、交通量の増加テンポがそれより高く、道路沿線での$NO_x$汚染はほとんど改善されなかった。東京、大阪など大都市部ではむしろ悪化する傾向にあるし、$NO_x$汚染を改善するためにも交通量全体の削減が必要な段階にある。一九九七年三月に環境庁が出した中間報告も$NO_x$汚染が改善していないことを認め、それを裏付けた。そのことは、法律を制定した時に当事者の東京都でさえ疑問を出していた。朝日新聞は社説で、$NO_x$削減法は行政当局が数字のつじつま合わせだけで作った「空手形」だと批判した（九三年一月二十六日）。四年経って環境庁自身が認めた形だ。車両単体への規制は目的達成には部分的な効果しかなく、交通量の削減の施策しか抜本的打開策はないというのが$NO_x$汚染防止対策を実施したうえでの結論であった。

同じことが自動車の大型化による燃料消費量の増加の事実についてもいえる。まえにも触れた一九八九年に始まった消費税導入の際の普通車と小型車の税率を大幅に引き下げた時、それまでの小型車に比べて割高だった普通車の税率を同率としたため、普通車の購買者をそれ以前より大幅に優

表8-2　小型車及び普通車保有の推移

単位:千台

| | 1988年 | 1989年<br>物品税廃止 | 1990年 | 1994年 | 1995年 | 1996年 | 1997年 |
|---|---|---|---|---|---|---|---|
| 普通乗用車 | 986<br>(3%) | 1,345<br>(4%) | 1,926<br>(6%) | 6,698<br>(18%) | 7,874<br>(20%) | 9,510<br>(24%) | 10,984<br>(27%) |
| 小型乗用車 | 27,739<br>(97%) | 29,280<br>(96%) | 30,251<br>(94%) | 30,800<br>(82%) | 31,031<br>(80%) | 30,806<br>(76%) | 30,363<br>(73%) |

注) 1989年4月物品税(普通率23%、小型車18.5%)が廃止され、消費税(5%。1989年4月より4.5%、1994年4月より3%)が導入された。

出所)「自動車年鑑」

遇する結果となり、普通車の販売は急増し、小型車の販売は減少傾向をたどっていった。保有台数では普通車の比率が急増した(表8―2)。そのため乗用車一台当たりの燃料消費量は増加し、$CO_2$排出量も増加した。単体規制が仮に成功しても自動車が大型化していき、運行自動車の数が増えて行けば、その成果は相殺され、日本全体の$CO_2$削減とはならないことは誰にも分かることである。

それなのに、何故単体規制を最優先としてそれに頼ろうとするのか。すでに世界各国が実施している自動車交通の削減の方策を取らないのか、理由は明らかだ。自動車交通削減によって利益を損なわれる社会的集団の反対が強く、それらの要求に妥協した結果、このような施策しか取れなくなったのだ。それは政策審議会の報告のなかにも現われている。

「この方策は、自動車の所有や利用を制限するものではないから受け入れ易く、もっとも重視すべき」という。だが自動車単体からの$CO_2$排出量をここ数年間で一二%以上削減する技術的展望があるのだろうか。気候変動枠組み条約では、二〇〇〇年の$CO_2$排出量を一九九〇年レベルに抑え、その後はその水準以下に削減していくことに合意している。ところが、日本の自動車の$CO_2$排出量は一九九五年に一九九〇年水準の一一%もオーバーしていてその後も伸び続けるとの予測が一般的である。また単体規制という技術的打開策が実現できるならば、先進的自動車産業国でもあるドイツがその方策を取り、自動車交通削減という犠牲の多い方策は採用しなかったであろう。ドイツが技術的に依存せず総合交通体系全体を自動車中心から環境負荷の少ない鉄道、公共交通中心へと転換する姿勢を取っているのは、技術的手法で地球温暖化問題の打開を期待するのは現実的ではないという認識があったからである。

運輸政策審議会は効果がなかった$NO_x$汚染対策と同じことをやろうというわけだが、その理由として挙げたことが本音を語っている。「受け容れ易い施策」を行なうとは、裏返せば必要であっても受け入れられ難い場合にはそんな施策を行なわないと告白しているようなものである。そのことを物語るのが運輸経済研究センターの政策提言との違いである。提言では、自動車利用に対して経済的負担を加算することにより公共交通への転換を誘導する方針で、独自に鉄道交通への支援、助成をする。そのために通行料や自動車税、燃料税などを引き上げるという施策を盛り込んでいた。

また、$CO_2$削減には単体規制は有効性が乏しい、むしろそれを否定する考え方にたっていた。「技術の開発を含む単体対策、交通施設対策、自動車運転方法の改善を図っていかなければならないが、将来の自動車交通量の増加を考慮すれば、このような従来の枠組みのみでは問題の解決が図られない恐れがある」と指摘していた。そしてやるべきことは、自動車を中心とした交通体系の在り方を変える必要がある。と述べていた。ところがこのようなもっとも重要な施策が運輸政策審議会の報告には見当たらない。

　運輸政策審議会はそのほか、中長期の重点施策として、①低燃費車の開発と自動車税制のグリーン化、②エコドライブ、③交通需要マネージメント等による公共交通機関の整備・利用促進、といっているが、自動車中心の交通体系を維持することを基本として技術的改良やエコドライブ（駐停車のさいのアイドリングストップ）による$CO_2$排出抑制をいうに止まっている。交通需要マネージメントにしても順位の三番目に挙げてはいるが、大都市、地方中核都市で一定の自動車利用の抑制、バスの利便性を良くするという程度で、ドイツ、オランダ、アメリカの先進都市で実施しているような自動車交通を排除して、軽快電車を中心とするシステムへ転換するのとは根本的に違っている。自動車利用抑制の必要性について「政策選択の基本方向」の第五項目で取り上げているが、中短期に取るべき施策としては低燃費車の開発や「エコドライブ」の推進よりも位置付けが低い。自動車利用抑制は駐停車の際のアイドリングを止めたり、高速道路での適性速度、タイヤ空気圧の適正化よりも低い位置付けでしかないのだ。そのような姿勢では、利用者の抵抗の多い自動車交通の抑制を実行できるとは思えない。貨物輸送の自動車から鉄道への転換を、運輸省は、毎年枕言葉のように書いてはいるが実行しないのと同じだ。

　そうした温暖化に対する基本的な施策について問題があるだけではない。運輸政策審議会の対応方策の根本的な問題は、総合交通計画の欠如である。鉄道、道路、航空、都市交通など交通機関それぞれがどの様な役割を担い、相互につながりをつけて国土全体の交通体系を作り上げるか、それを明らかにするが必要がある。そのような総合交通計画があって始めて、国民のニーズを満たしながら地球的、地域的環境上の課題に対処する交通計画を実現していくことができる。シンガポールやオランダ、ドイツの実例が示す通りである。

ところが日本では高速道路など道路の建設計画と工事の実施は建設省、自動車の運行や自動車の車体基準とか鉄道交通は運輸省、自動車産業の指導監督は通産省、自動車公害対策は環境庁の管轄する事項である。そのため鉄道、自動車交通、マイカー、バス、路面電車などの公共交通それぞれがどのような割振りで将来の位置を占めていくか明確でないし、責任主体さえ明らかでない。それらが別々の省で計画されて、それらの全体像が描かれていないし、計画の統一性もない。これは後に紹介するOECDによる「日本の環境政策についての評価」でも批判している。総合的な交通計画と、それを実現する総合的交通政策が策定され、それを基礎にして分野別の計画が作られ、短期長期の政策として実施していく枠組みが必要だ、と指摘している。それがなければ交通の各部門全体の長期的な$CO_2$削減を実現することは有り得ないだろう。

さきに挙げた「環境にやさしい交通体系の形成のための調査委員会」はまず第一の課題として、「交通体系見直しの必要性」を挙げて次のように指摘していた。運輸・交通部門で環境問題が重要となった背景には環境負荷の大きい自動車交通に対する依存度が高くなったことがある。将来、自動車に対する依存度がさらに高くなっていく交通体系の在り方を見直すことが重要である。そのための具体策として鉄道、海運の利便性を引き上げる半面、自動車の優位性を低くして、自動車から鉄道などへ重点を移すことを目的としたさまざまな措置を取る。と提案していた。

ところが運輸審議会の報告には、自動車から鉄道、海運へ輸送方法を転換していくという考え方がない。あくまでも自動車交通を中心とした現在の仕組みを続けていく方針である。したがって道路投資を減らして鉄道向け投資を増やそうと言う姿勢はなく、LRTの整備に大規模な資金を注いで整備しようとする具体策もない。ドイツで従来無料であった高速道路を有料化して、その収入を鉄道事業に振り向けることとは対照的な姿勢である。運輸政策審議会の報告では、これまでの自動車交通を優遇する、環境の汚染者・加害者はその被害を負担するとの原則を適用しない、という政府の姿勢は依然として変わらない。「環境にやさしい交通体系の形成」が提言した汚染者負担の原則もまた審議会報告では消滅した。

運輸省の政策担当者が参加して作成した提言の積極的部分がほとんど無視された。また、日本政府が加盟するOECDの対日環境政策評価にてらしても、極めて不十分なものであった。「環境にやさしい交通体系の形成」の中身ともかけ離れた運輸政策審議会の「地球温暖化問題への対応方策」をいくら積極的に推進しても、日本が世界に約束した$CO_2$の排出削減が実現する可能性はないだろう。これでは自動車の保有台数と交通量は増え続けるし、大規模な道路建設計画によって加速されるからだ。従来の環境破壊型の交通運輸政策が続けられていくのはなぜか。そのような方向へと政策を引き戻す力は何か。次にその問題を考えよう。

## 三　自動車業界のために働く政治家

一九八九年の自動車取得に対する課税額の引き下げのいきさつ、道路建設投資への政官財を挙げての行動を見れば、回答は得られるだろう。建設業界が道路建設に権限を持つ建設省、建設族や道路族といわれる多数の政治家と癒着してきたことは、金丸信以下の構造的汚職で暴露され、周知の事となった。同じように自動車業界も多額の政治献金、個人後援会への日常的寄金により大きな影響力を蓄えてきた。それを示すのが一九八八年の消費税制定の際の政治家の動員力である。一九九八年三月、消費税を導入することを決めた政府の税制調査会は、当時施行中であった物品税を廃止するにあたって、「新消費税の税率が低い場合には、現在高い負担を求めている物品について高めの税率適用や特別の負担を求める」として特別税の創設や割増税率を適用するとしていた。そんな特別税などの対象として考えられていたのは自動車に対する物品税率の維持であった。

これに対して自動車業界は反対の態度を決め、当時の自動車議員連盟を動かして、自民党の税制調査会に働きかけた。一九八八年九月、自動車業界と自民党との協議の場である自民党商工部会の自動車産業小委員会に出席した議員数は九〇名で、自動車産業の利益擁護に努力することを決めたのである。自民党の税制調査会の力は自民党単独長期政権のもとで政府税制調査会にもまさるもので、大蔵省が税制度を変更するためには、まず主税局の幹部は自民党税制調査会に働きかける程であった。自動車業界はこの時、与党をフルに動かして自分たちの利益を実現した。このため排気量二〇〇〇CC以上の普通乗用車の税率は二三%の税金、一五〇一CC~二〇〇〇CCの小型乗用車は税率は一八・五%の自動車税をそれぞれ三年間は暫定税率六%その後は三%に減税し、実質的には一〇%以上の値下げを実現した。

もともと消費税の導入は、国家財政の大幅な赤字を解消することを目的としていた。その目的の達成のためには当然、物品税に相当する金額の課税額は維持されるものと理解されていた。政府税制調査会の報告は消費税率の嵩揚げによりそれを実現する道を残していた。ところが自動車議員連盟など自動車業界の利益を守ることに熱心な与党自民党の国会議員たちの運動により、乗用車の大幅減税はそのまま国会を通過し、実施されていった。

この結果、前に述べたように自動車業界は普通乗用車の売上台数を大幅に増加させた。同じ期間に小型車の販売台数は低下した。その値下げ率は小型車よりも普通車がより大きく、普通車の販売増加に大きく寄与した。それは一般消費者の保有する車の大型化を促し、自動車当たりの平均燃料消費率を増加させた。一九八九年度以降の自動車業界が税制の変更でどれほど利益を得たかは言うまでもない。

道路建設についても同様である。道路建設の計画段階、予算獲得、工事着手の各段階で与党の道路族と呼ばれる有力議員が建設業界の利益実現のためにどれほど働き、それが公共投資の公共性をゆがめて私的利害のためのものに替えられていったか、東京湾横断道路など道路建設の項で述べた。

同じことは運輸政策を策定する運輸政策審議会委員として選ばれた委員の顔ぶれにも現われている。一九九七年はじめの運輸政策審議会長は、トヨタ自動車会長の豊田章一郎氏でメンバーは日産自動車社員、それに自動車業界と繋がりの深い興業銀行、長期信用銀行の銀行頭取、経済同友会、関西経済団体連合会会長、など財界団体代表とそれに大学教授、マスコミ関係者がほとんどで、消費者団体は一名だけ、環境団体や市民団体の関係者はいない。マスコミ関係者も三大新聞の論説委員などで広告収入の一〇％近くを自動車業界に仰ぐ新聞が自動車業界の利害に逆らった運輸政策を提唱するのは難しいことだろう。大学教授の場合、ほとんどが交通論、土木工学、情報論などの専門家で占められ、地球環境対策のための政策検討の場でありながら環境専門家は見当たらない。それらの学会が道路交通に対してどれほど現状維持を重視し、環境問題を過小に評価する傾向にあるかは、「はじめに」で紹介した通りである。審議会の目的が「地球温暖化に対する対応策」を策定することにあるとするならば当然、地球環境問題の研究者、環境交通分野の運動家を中心とした委員会の構成にしなければならなかった筈であろう。反対に自動車業界、交通業界に繋がりのある交通学会、土木学会を中心に委員を任命した時から結論は見えていた。環境を優先して、自動車業界に不利益となる政策は出ないような審議委員を任命したのである（表8—3）。

「環境にやさしい交通体系の形成を目指して」では交通部門の環境政策で第一の優先順位でやるべきことは、ディーゼル微粒子対策と、NOx対策であると述べていた。それほど大気汚染がひどく健康上差し迫った対策が求められている。

他のところでも述べたように、NOxの排出量はディーゼル車はガソリン車に比べてはるかに多く、ディーゼル微粒子はいうまでもなく軽油を燃料とするディーゼル車から出る。ディーゼル微粒子とNOx汚染を改善するためには、まずティーゼル車の利用を削減することがもっとも有効であ

**表8-3　運輸政策審議委員一覧**　(1997年)

| | | |
|---|---|---|
| 委員長 | 豊田章一郎 | (社)経済団体連合会会長 |
| 副委員長 | 岡田　清 | 成城大学教授 |
| 委員 | 青山　佳世 | フリーアナウンサー |
| 〃 | 荒巻　禎一 | 京都府知事 |
| 〃 | 家田　仁* | 東京大学教授 |
| 〃 | 池村　良一 | 全日本交通運輸産業労働組合協議会議長 |
| 〃 | 石田　瑞穂* | 科学技術庁防科研地圏地球科学技術研究部長 |
| 〃 | 稲村　肇 | 東北大学教授 |
| 〃 | 圓川　隆夫* | 東京工業大学教授 |
| 〃 | 大野木克信 | (株)日本長期信用銀行代表取締役頭取 |
| 〃 | 岡野　行秀 | 創価大学教授 |
| 〃 | 奥野　禮子 | ザ・アール(株)代表取締役社長 |
| 〃 | 金本　良嗣* | 東京大学教授 |
| 〃 | 川上　哲郎 | (社)関西経済団体連合会会長 |
| 〃 | 岸　ユキ* | 女優 |
| 〃 | 草柳　文恵 | テレビ・ラジオキャスター |
| 〃 | 國廣　道彦 | (社)経済同友会代表幹事特別顧問 |
| 〃 | 黒川　和美* | 法政大学教授 |
| 〃 | 島田　京子 | 日産自動車(株)広報部主管 |
| 〃 | 杉山　武彦 | 一橋大学教授 |
| 〃 | 杉山　雅洋 | 早稲田大学教授 |
| 〃 | 瀧田　あゆち | (財)日航財団常務理事 |
| 〃 | 田付茉莉子* | 恵泉女学園教授 |
| 〃 | 谷川　久 | 成蹊大学教授 |
| 〃 | 津田　正 | (財)地域総合整備財団理事長 |
| 〃 | 永光　洋一 | 帝都高速度交通営団顧問 |
| 〃 | 中村　啓三 | 毎日新聞社論説委員 |
| 〃 | 南条　俊二 | 読売新聞社論説委員 |
| 〃 | 西尾　武喜 | 名古屋市長 |
| 〃 | 西村　正雄 | (株)日本興業銀行代表取締役頭取 |
| 〃 | 林　良嗣* | 名古屋大学教授 |
| 〃 | 福井　康子 | (株)都市経済研究所主任研究員 |
| 〃 | 藤井弥太郎 | 慶應義塾大学教授 |
| 〃 | 眞木　滋夫 | 全日本交通運輸産業労働組合協議会議長代行 |
| 〃 | 松尾　正洋 | 日本放送協会解説委員 |
| 〃 | 松田　寿子 | 中央大学経済学部教授 |
| 〃 | 宮本　忠 | (社)共同通信社論説委員 |
| 〃 | 村本理恵子* | 専修大学助教授 |
| 〃 | 森地　茂 | 東京大学教授 |
| 〃 | 柳島　佑吉 | 産業経済新聞社論説副委員長 |
| 〃 | 山本　長 | 空港施設(株)代表取締役社長 |
| 〃 | 吉村　真事 | (社)日本海上起重技術協会会長 |
| 〃 | 渡邊　修自 | 三菱重工業(株)顧問 |
| 〃 | 和田　正江 | 主婦連合会副会長 |

ることを意味する。政策としては軽油車を削減することが何よりも必要であることを示すものだ。

ところが日本では、前に述べたようにガソリン車からディーゼル車へと転換することを奨励するシステムが作られていた。ディーゼル車をガソリン車よりもはるかに優遇する制度となっているからだ。欧米諸国での軽油とガソリン価格差に比べて、日本では異常なほどの差が政策的に付与されている。この結果、全国ではもちろん、浮遊粒子状物質とＮＯｘの汚染がもっともひどく、ＮＯｘ削減法でディーゼル車のガソリン車への転換を義務付けている東京都でも軽油の販売量が大幅に増加し続けている。一九九〇年に二〇九万キロであった東京都内のガソリンスタンドからの軽油販売量は、一九九四年度には二二四万キロリットルで五年間に七％増加した。この比率が同期間の都内での単体規制による排出ガス総量の減少率を越えていることは明らかだ。したがって環境基準を達成するために「ＮＯｘ削減法」を制定してディーゼル車をガソリン車に転換することを義務づけていながら、税制面ではガソリン車からディーゼル車への転換を誘導する仕組みである。これでは政府が責任を負う税制度が大気汚染防止法と矛盾し、環境基準の達成を妨げる。大気汚染を助長し、国民の健康被害を増やすことにつながっていく。

日本政府と自動車業界の行動を環境的な観点から検討してみると、世界でも例のないほど巨額の資金を注いできた道路・自動車交通政策と、自動車販売戦略が積みあげてきた実態は、それらの当事者が言葉でいってきたように「環境にやさしい」ものではなかったことが良く分かる。むしろ人間の健康をより悪化させ、地球環境全般を悪化させる方向へとみちびくことであった。それはＯＥ

CDが発表した日本の環境政策についての評価でも厳しく指摘している。OECDが一九九四年に発表した「日本の環境政策についての論評」は、環境政策全般について二〇〇ページにおよぶ分析と批評、それに勧告を出している。

## 四　OECDの厳しい日本の交通政策評価

次はOECDの対日環境評価のうち自動車交通に関する批判的部分の要約である。

まず日本の自動車交通については一九八六年から一九九〇年にかけて旅客、貨物ともに他の交通手段に比べて、とくに鋭い伸びを示している。鉄道など他の手段から道路交通への移行が進んだためだが、道路建設に重点を置いた経済五カ年計画がこれを助長した。

――自動車の増加が著しく、新車の大型化と出力アップが進み、一九八二年には新車の平均燃料消費量は一〇〇キロの走行当たり七・七リットルであったが、一九九〇年には八・七リットルに増えた。また、ガソリンに比べて軽油価格が割安であるため、ディーゼル乗用車の比率が増えた。小型車を優遇し、燃費のよい車に有利であった乗用車に対する物品税は、一九八九年撤廃され、代わって導入した消費税は乗用車の平均燃費の悪化に寄与した。二〇〇〇CC以上の排気量の普通車に対する高率課税を撤廃したため、同クラスの乗用車価格を実質一〇%値下げすることとなった。大型の馬力の強い乗用車の比率は高くなり、燃料の消費パターンは変化した。交通部門での$CO_2$の排出量は乗用車の増加により加速された。またトラックによる貨物輸送の急激な増加は、トラックからの$CO_2$の増加を助長した。

日本で自動車交通が増加した理由の一つは、国民所得水準の増加であり、二つ目は自動車価格の低下、自動車燃料の価格水準の実質的な低下、および政府の公共交通投資が減少したことである。国鉄の分割民営化による公共交通投資の減少の結果、通勤、通学が不便となった。加えて自動車の購入価格と使用コストは低下した。そして自動車交通の環境に対する負荷は、自動車使用者が負担していない。また高級車ほど価格は値下がりした。

一九八〇年以降交通部門では、年率四%でエネルギー消費が増加したが、その八〇%は自動車交通が占めている。内国海運は九・八%、鉄道は三%を占めるにすぎない。

都市環境の保護についても、行政当局は都市公園、水辺の保全、歩行地域の確保、都市景観、日本建築の遺産の保存などにつとめてきた。だがそれは経済活動の増加と集中化により妨げられてきた。自動車騒音は軽減していないし、都市周辺の緑地は減少した。経済成長による開発を求める圧力は都市環境の改善を妨げてきた。都市環境の改善には課徴金、税金、使用料の徴収など経済的手段を検討する必要がある。

日本の消費パターンは包装商品、耐久消費財、自動車に依存する傾向を強めており、廃棄物や汚染物質がより多く発生し、石油、水、木材など資源がより多く消費されるシステムとなった。

また個人による乗用車利用の増加は交通渋滞を助長し、同時にレジャー活動をよりいっそう拡大させ、環境問題を発生させている。生活の変化は、レジャーやツーリズムを拡大させるが、大気汚染の悪化や環境的にデリケートな湖周辺、海岸、山林地域でのゴルフ場、スキー場の建設などは新たな環境問題を発生させる危険がある。このような傾向が続けば日本で重要な課題が提起される。資源破壊的で環境に好ましくない消費生活への変化をどうして食い止めるか、という課題である。国民生活を環境に好ましい消費と生活スタイルへと誘導するために、どのような政策を取るか、検討する必要がある。

また、経済の変化は環境に大きく影響する。例えば交通、エネルギー、工業、建設活動、農業、林業などは環境を変える。したがって、環境政策と経済政策の統合をさらに重視する必要がある。各省庁は協力するよりも競争的で別個に行動しているように見える。

他のOECD加盟国に比べれば、日本はこれまで大気汚染防止に成果を上げたが、近年の交通量の増加により、過去の成果は帳消しになりつつある。騒音と窒素酸化物汚染はとくに大都市部で深刻化しており、新しい交通システムの計画の際には環境に対する影響を十分配慮する必要がある。以上のような認識から次の諸点を配慮することをOECDは提言している。

(1) 旅客、貨物輸送が環境破壊的になることを防ぎ、改善するための奨励策を開発すること、公共交通をさらに改善すること。
(2) ディーゼル車からの窒素酸化物と浮遊粉塵をコントロールする方策を強化すること。
(3) 総合的交通計画を策定すること。それはすべての交通手段、投資、管理、環境改善を含む。

道路建設計画よりも上位であること。大規模な陸上交通建設事業は早い段階での環境影響評価に従う。——

以上のような勧告である。

日本の道路建設についてはただちに適合するし、大都市での環境政策の欠如についての指摘も適切である。これらが実行されれば日本の交通事情はかなり改善され、日本の交通体系は現在とは変わった方向に向かうだろう。

また、ＯＥＣＤは自動車交通削減の具体的方法についても研究している。

$CO_2$削減のために車両台数の増加を抑制する施策として乗用車入手権に対する料金、自動車購入税、燃料税、年間保有税、または走行距離費の徴収、法的規制措置として年間販売割り当て台数、個人所有制限、決められた都市エリアからの締め出しを掲げている。これはシンガポールの施策そのものである。また車両対策として自動車のサイズ、燃料消費量の大小により購入時の税金の格差を付けるとの案をだしている。これは日本の大型車に不利であった税金格差を撤廃して、小型車より大型車をより有利にしたため、小型車から大型車への転換が進んだこととの逆の提案である。ＯＥＣＤはそのような$CO_2$削減に対する政策についての理論的検討を済ませていた。自動車使用を抑制するための方策も同じである。自動車使用の抑制に効果があるように燃料税の水準をきめるとすれば北欧諸国が進めようとしているように高税率になる。ところが対日勧告は、日本のガソリン、軽油に対する税率が先進国のなかでも際立って低い水準にあるとの見方を示している。自動車取得、保有、そして自動車使用に対する賦課税全体が日本の場合、地域環境、地球環境に対する負荷を償うようになっていないとの認識がある。それは表3—2で示した「乗用車交通量に影響を与える施策」の各項目に照してみるだけでよく分かる。

EUがこのように積極的に$CO_2$排出量をカットすることにしたのは、地球温暖化防止条約締約国会議での$CO_2$排出削減の合意に縛られたためではない。むしろEUはEU自身でも、OECDでも、どの程度、どのようにして$CO_2$削減を実現するか、その手段方法について検討を重ねてきた。気候変動枠組み条約が成立する前の一九八九年に、すでにヨーロッパ運輸大臣会議は「交通と環境についての決議」を採択していた。そのなかで交通部門で発生する温室効果ガスの削減をするため、多様な方法を優先的にとることに着手すると謳っていた。それに基づき一九九二年には交通と環境問題の専門家によるセミナーを開催して政策担当者の政策作業に寄与するための報告書を出した。OECD発行の「交通政策と地球温暖化」がそれである。

そのなかで西欧で排出する$CO_2$の多くは交通部門からでているが、なかでも増加が著しいのは乗用車からの$CO_2$で交通部門全体の三分の二を占め、その分野での削減策の検討がもっとも需要課題である、と指摘していた。

OECD全体では、排出量の四〇%を占める自動車からの排出量対策は$CO_2$問題の主要なテーマとなることは避けられず、自動車交通を軸とした今日の交通体系の変革が論議されるのも当然の事であった。そうしたOECDやEUの全体的潮流と関連して、ドイツ、オランダの環境優先政策をとらえれば、ＥＵ全体の政策へと合意されていくいきさつが理解できよう。さらに興味があるのは乗用車交通量に影響を与える諸施策が列挙している項目は、乗用車交通の削減を目標としていることである。その項目では自動車保有に関する抑制策、自動車使用の抑制を主な課題としている。この結果、前に挙げたシンガポールがすでに実施している施策を評価することとなっている。自動車保有を抑制するために自動車入手権に料金を賦課する制度、自動車購入税、年間保有税などは大部分をシンガポールは厳しく実行しており、自動車使用に関する道路使用料金制度もすでに同国は導入している。

欧州では、自動車の保有と使用に対する課税はこれまでも高かった。例えば、ドイツでは乗用車取得に対する付加税は一五％、イギリス、オランダでも車両価格の一七・五％、イタリアでも一九％、大型車はさらに五〇〇万～一二〇〇万リラが加算される。デンマークでは三万四四〇〇クローネまでの車には一〇五％、三万六〇〇〇クローネ以上の乗用車に対しては一八〇％が課税される。また、一九九六年には、ＯＥＣＤの財政問題委員会と環境政策委員会は、ＯＥＣＤ評議会の承認のもとに合同で「環境税実施のための戦略」という報告書を発表した。環境税は多数の国で採用されているし、環境保全という目的実現に寄与している。だがそれが効果的に実施されるには多くの政治的、経済的、社会的問題が残されている。国民の所得配分や国際競争力に対する影響はどうであるか、それらをどのようにして克服するか、環境税をどのような使途に当てるか。ＯＥＣＤ加盟国の経験からこれらの諸問題を論評し、財政・環境政策当事者に対して環境税の導入を支持する立場から提言を出している。

そこでは法令による規制よりも、税金、課徴金などの導入による市場メカニズムを活用する方法が環境対策としては有効である。環境コストはその商品／サービスの受益者が負担するというシステムの導入を推奨している。その具体例として自動車と自動車燃料に対する課税システムを積極的に評価し、税体系の転換を企画して総合的税制を地球温暖化防止策を中心とした環境税を軸として推進している北欧諸国の累進的負担を紹介している。それによるとガソリン、軽油など自動車燃料だけでなく、工業用や一般家庭用の重油にも高額の環境税を賦課している。年々累進して一九九四年にはこれら諸国での家庭用燃料費のなかでの税金部分はガソリンで七〇％前後、軽油で五〇％程度、重油でも三〇％にも上る。ところが日本ではガソリンの消費者向け価格のなかで税金が占める比率は一九九四年で四八％とOECD加盟国のなかではアメリカ、ニュージーランドに次ぐ低い国の第三位であることは注目する必要がある。

ただ、OECDの提言はまだ北欧諸国で一部実施されているだけで、その大部分は政策研究の段階にとどまっている。実行に移している国の場合は社会民主党の政権の国か、社会民主党の政治的影響力の強い国に限られている。これは日本と同じように政治勢力でも環境政策よりも経済政策を優先させる政策路線をとる国が多く、環境政策より経済的利害を重視する利害集団が社会の指導的勢力として影響力を発揮しているからである。

# 第9章　尼崎公害判決とディーゼル排ガス対策の歴史

## 一　はじめてディーゼル排ガスによる健康被害を認めた判決

二〇〇〇年一月三十一日、神戸地方裁判所は尼崎市の公害病患者が自動車の排ガス汚染の法的責任を求めた裁判で、道路設置者である国側の全面的責任を認める判決を出した。

一九八八年に、尼崎市の公害病認定患者とその遺族が国、阪神高速道路公団に対して環境基準を超える汚染物質の排出差止めと損害賠償を求めていた裁判であるが、自動車排ガスについて健康被害との因果関係を明確に認めた判決であった。

判決は自動車排ガスのなかの浮遊粒子状物質（ＳＰＭ）と健康被害との因果関係を認め、環境基準の一・五倍以上の汚染を出してはならないと、国と阪神高速道路公団に差止めを命じた。判決では排ガス公害のおもな要因ではないかと指摘されているディーゼル排気微粒子に言及し、ぜんそくとの関連性を認定した。

判決は、「限度を超える供用がもたらしている侵害は、単なる生活妨害ではなく、非常に強い違法性がある」と指摘し、「公共性や公益を理由に環境対策を怠ることは許されない」との認識を示した。そして、浮遊粒子状物質について環境基準の一・五倍を超える量、つまり一日平均値で一立方メートル当たり〇・一五ミリグラムを超える量の排出差止めを命じ、併せて約三億三〇〇〇万円の支払いを命じたのである。

これまでは排ガス公害と健康被害との因果関係を認めた西淀川公害訴訟、川崎公害訴訟でも排出差止めの必要性は認めなかった。尼崎公害訴訟の判決は排出差止めを認めることで、排ガス汚染がこれ以上放置できない段階にあることを示したのである。

差止め請求について判決は、沿線道路地区の児童のぜんそく発症率が田園地域の四倍にのぼることを差止めの基準とした。この数値以内に押さえるためには、ディーゼル車の混入率を制御すればよく、大規模な通行制限をしなくても実現できるので公益性の妨げにもならない、と述べている。つまり、ディーゼル車の通行量を減らせというのである。この結果、国と公団はディーゼル車の通行を制限しなければならなくなった。

この尼崎公害に対する判決は、政府の道路交通政策そのものに対する厳しい批判であり、政策転換を求めるものとなっている。各新聞は一斉に社説で、この判決の意義を評価し、道路優先の政策の転換を主張した。「道路づくり中心の公共事業は環境、健康により配慮する視点から見直す時期にきている。差止め命令は私たちにそんなメッセージを送っている」（朝日新聞二月一日社説）。また公害を引き起こしながら有害汚染物質を排出しつづけた国と道路公団の行為を不法行為として非難した（毎日新聞社説）。

さらに注目すべき点は、窒素酸化物汚染ではなく、浮遊粒子状物質を主な汚染物質として取り上げたことである。健康被害との因果関係が認められたディーゼル排ガスからの浮遊粒子状物質は、尼崎にとどまらず全国で環境基準を超えている。九八年の調査では全国の自動車排出ガスの測定局の六割以上、大都市地域では九割が未達成だ。

ディーゼル排ガスによる健康被害については、後に触れる国立環境研究所の研究が大きく寄与している。大都市部における浮遊粒子状物質の圧倒的部分を占めるディーゼル排ガスが肺に極めて強い毒性を示すこと、およびディーゼル排ガスが米国衛生研究所がまとめた「気管支ぜんそくの四つの基本病態」のすべてを発現することを明らかにしたのは、国立環境研究所の嵯峨井勝総合研究官を中心としたチームであった。この研究成果が生かされ、それに基づいて神戸地裁は浮遊粒子状物質と健康被害の因果関係を認めたのである。

このような大気汚染による健康被害に関する重大な研究について、環境庁の自動車公害対策に責任ある部署は研究発表に干渉し、研究結果の発表に当たって妨害に近い処遇を当事者の研究官に対して行なっていたことが明らかになった。くわしくは後に述べる通りである。

## 二　ディーゼル排ガスによる健康被害の公表を妨げようとした環境庁

一九九九年夏、東京都石原知事はディーゼル車のなかでもディーゼル乗用車には乗らない、買わない、売らない、というキャンペーンをスタートさせた。排気ガスのなかでもガソリン車以上に有害なディーゼル排ガス対策をとろうと主張して以来、政府も自動車業界もにわかにディーゼル排ガス対策に力を注ぎ始めた。自動車から排出される窒素酸化物の七割、浮遊粒子状物質のほぼすべてをディーゼル車が排出するから、二〇〇三年度から排ガスに含まれる粒子状物質を取り除くフィルターの装着を義務づける方針を実施し、二〇〇六年度には都内を走る、全ディーゼル車に義務付けることにした。本来の自動車公害を防止する責任部署である環境庁は、自治体にお株を奪われた観があるが、その裏には環境行政をめぐる利害関係集団のあいだの熾烈な抗争が隠されていた。

ディーゼル排ガスが人体にどれほど有害かということに関する研究は、一九九〇年当初から国立環境研究所を中心に進められてきた。このことは第一章の冒頭で触れたとおりだが、この研究は「ディーゼル排気による慢性呼吸器疾患発生機序の解明とリスク評価に関する研究」というテーマで一九九三年から九七年にかけて同研究所、嵯峨井勝総合研究官を中心としたチームが実施した。嵯峨井研究官はディーゼル排ガスの人体への影響に関する研究についての第一人者であるが、報告書案は一九九八年十一月に提出され、環境庁が内容をチェックした。

報告書はマウスに排ガスを吸わせディーゼル排ガスの微粒子がぜんそくを起こしたり、生殖機能に影響を与えたりしていることを明らかにした。報告書は、ディーゼル排ガスからでる粒子状物質の割合が大きいとする報告については、環境庁の自動車排ガス規制を担当する自動車環境対策二課が全面削除を求めた。またディーゼル排ガスから出るダイオキシンの排出量については、研究報告は粒子状物質のなかのダイオキシンの量を測定して、全国の自動車からの年間排出量を一七グラムと推定した。これを環境庁は別の調査結果から推定した数字（二グラム）を六月に発表する予定であったので報告書の公表をそれ以後にすることを求めた。

嵯峨井研究官はこうした要求に抵抗して修正案を示したが、自動車環境対策二課は承知せず、修正、削除箇所はＡ４版一二枚の報告で約一〇〇カ所にのぼったという。自動車環境対策二課が求めたのはディーゼル排ガスの健康への影響を低く見せるような要求であった。

環境庁は研究の結果の発表に介入し、圧力を加えたうえ発行を八カ月も遅らせた（朝日新聞二〇〇〇年一月十八日付）。自動車環境対策二課長のポストは代々運輸省からの出向者で占められていた。自動車業界の保護育成を職務の一つとする運輸省は、自動車業界と共通の利害関係にある。ふだんから自動車業界との関係が深い。運輸省出身の官僚は国民の健康と環境保全のための環境行政の執行をサボタージュし、自動車業界の利益をまもるために権限を行使したのである。

こうしたディーゼル排ガスの被害を実態より少なく見せようとする試みは以前からあった。環境庁は一九八〇年ごろにも二億円の予算を付けて、ディーゼル排ガスの研究に取り組んだが、それを知った自動車業界も巨額の研究費を投じて、ディーゼル排ガスと健康への影響との関連を否定する論文をまとめ、それが影響力を発揮しているうちに環境庁の研究は中断された。ディーゼル排ガスの有害性の研究はたち消えとなり、この期間にディーゼルエンジンはトラックだけでなく、乗用車にも搭載され、ガソリン車よりも燃費が安く、経済的であることをセールスポイントとして販売台数は急増していった。国立環境研究所がディーゼル排ガスの健康への影響に関する研究を怠っていたとき、自動車業界はディーゼル排ガスの有害性を否定する見解を広めるのと平行して、ディーゼル車の販売拡大を実現していた。当時の担当者によれば、研究の中断でディーゼル排ガス対策は十年遅れとなったという（朝日新聞二〇〇〇年一月十八日付）。

嵯峨井チームのディーゼル排ガスについての研究は、一九八九年にはじまったが、環境庁は大気汚染を原因とする公害裁判で被告となっていたこともあって、研究の推進には消極的であった。嵯峨井チームの研究を無視できなくなったのは、九〇年代米国を中心に微粒子と循環系疾患などの死亡率との因果関係が疫学調査で立証され、米国が微小微粒子の環境基準を設定してからであった。嵯峨井勝総合研究官は国立環境研究所を退官し、青森県立保険大学教授に就任したが、環境庁の行政官から国立環境研究所の研究が強い圧力と干渉にさらされていたことが明らかとなったのは、同研究官が退職後のことであった。

一九九八年に東京都石原知事が大気汚染源としてディーゼル車の追放運動をスタートしてから、自動車業界、環境庁はこぞってディーゼル車の健康被害を唱え初め、粒子状物質の除去を急ぐ姿勢を示し始めた。以前には、両者がともにディーゼル排ガスの有害性を認めることに消極的であったことなどなかったかのようである。

環境庁はディーゼル乗用車と車両重量三・五トン以下のディーゼルトラックの新規販売を禁止する方針であるという（朝日新聞二〇〇〇年七月十七日付）。さらに、同年八月一日にはディーゼル車の排ガスに含まれる微粒子に発癌性があるとの結論をまとめた。環境庁のリスク評価検討会は同年三月専門家による検討会を設置して検討を続けてきたが、WHOではディーゼル排ガスの微粒子の発癌性についてはすでに認めていた。嵯峨井総合研究官の研究が発表されて後二年近くたって、やっと環境庁がその事実を認め、防止対策につながることになったのである。

この期間に膨大な台数のディーゼル乗用車、小型ディーゼルトラックが、もっとも燃費がよい経済的な車として販売され続けたのである。国立環境研究所の研究を謙虚にうけとめればその段階で対策を取らなければならなかった筈である。ところが政府の施策は、発癌物質、ぜんそくの原因物質の排出防止をする施策を怠り、ディーゼル排ガスの排出増加を助長してきた。

ところで、研究成果を隠してディーゼル排ガスは人体に影響はないとしてきた研究を広めて、ディーゼル車の販売拡大に努めてきた自動車業界、それを黙認して、国の研究機関での研究を怠ってきた環境庁の責任はどうなるのであろうか。ディーゼル排ガスの人体への影響についての研究成果についての正確な情報の発表に干渉し、遅らせた環境庁の職務に対する背任行為の責任は問われないのであろうか。

水俣病発生の際、熊本大学の研究により原因物質はチッソ株式会社が排出する有機水銀であることを知りながら、厚生省はこれを放置して被害の拡大に一役買った。国立環境研究所のディーゼル排ガス問題は、四十年前と同じように企業と官僚との癒着の構造が、環境行政の執行を妨げていることを示している。

## 三　尼崎公害訴訟判決後の二十一世紀運輸政策

尼崎の公害判決から四カ月あまり後の同年六月八日、運輸大臣の諮問機関、運輸政策審議会は「二一世紀初頭における総合的な交通政策の基本方向について」という報告を発表した。それは「わが国の経済社会の大きな変化に的確に対応した、長期的な展望にたった二一世紀初頭における総合的な交通政策の基本方向を確立する必要がある」という運輸大臣の諮問に応えて策定されたものであった。

そのなかで日本の従来の交通政策は個別的な対策にとどまり、交通全体を総合的な体系としてとらえ、それに内在する問題を構造的に解決しようとする政策が十分ではなかった、と反省している。そして「転換を迫られるわが国の交通システム」という項目を設け、「環境問題の深刻化」という条項では、尼崎公害訴訟や地球環境問題への自動車交通の影響にも触れ、自動車単体対策や鉄道、海運の活用による環境負荷が少ない交通体系の実現が喫緊の課題となっている、とする。

ところが、それらにどう対処するか今後の政策の具体的部分になると途端にトーンダウンする。

「都市圏においてマイカーをどう位置付けるか問われている。西欧先進主要国ではマイカーの利用抑制、公共交通利用などのＴＤＭ（交通需要マネージメント）施策が実行されているが、わが国でもマイカーに過度に依存しない都市、交通を目指す施策の選択の可能性を追求すべきである。そのような選択についての合意形成を促す仕組みの構築が求められている」と回りくどい表現で合意形成の仕組みを求めるだけで、マイカーなどの交通需要を抑制すべきだとする西欧とは大きく違う政策にとどまる。「環境負荷が少ない交通体系の実現が喫緊の課題」とは到底思えない現状維持の姿勢を示すだけだ。

そして「3　重点課題に関する考え方」の章では「(1)クルマ社会の見直し」の節を置き、環境、安全、混雑といったクルマ社会の有する問題の解決を図り、マイカーに過度に依存しない都市と交通を目指す、というにとどまり、具体的な公共交通を拡充して優位性を付与する施策は出てこない。要するに抽象的にはクルマ社会の見直しが必要だというが、具体的な施策になると何もないというわけだ。

「総合的な交通政策の基本的方向」の発表と同時に、運輸政策審議会は「環境の改善に貢献する持続可能な交通体系の構築を目指して」という報告書を発表した。そのなかで自動車排気ガスによる大気汚染、地球温暖化対策が差し迫った課題となっている、と指摘する。そして自動車公害対策としては単体の排出ガス規制、マイカーへの過度の依存をやめて、公共交通を中心とした持続可能な都市交通を実現を目指すという。それらとマイカー抑制と組み合わせてＴＤＭ（交通需要マネージメント）を推進する必要があるともいう。自家用車の所有形態を個人所有から共有に変えるよう選択肢を拡げるという。それらを実現するために自動車税のクリーン化、補助金の組み合わせ、企業の自主性の方策などポリシーミックスの在り方を検討するという。

しかしそれらは羅列的に掲げているだけで拠って立つ原則もなく、どのように具体化していくか、手順と方策および財政的保証措置に全く触れない空文にとどまっている。環境問題の発生の責任主体が触れられず、汚染者負担の原則、受益者負担の原則はなくなっている。前に紹介した運輸経済研究センターの「環境にやさしい交通体系の形成を目指して」で提案した内容よりも遥かに後退した考え方となり、環境と公害の減少と打開策の項目を並べただけの空疎な、実現性に欠けたものに終わっている。

これでは交通分野での環境問題に対処する意思があるのかどうか疑われるのも当然であろう。

# 終章　環境重視の交通計画を推進する力

## 一　ドイツの住民運動の経験

一九九七年九月、筆者はドイツのボンを訪れた。目的は文献などで研究したドイツの環境政策の実態を現地調査で確認することにあった。そのため環境省の担当官と会い、政府の地球温暖化と廃棄物ごみ処理政策など、ドイツの先進的環境政策の実施状況とそれらの実現の経過を調査した。それには、この書物で紹介した都市交通にも路面電車やバスにも乗車し公共交通の利用を促進するための割引制度を体験することを含めていた。

環境省の担当官とは地球環境問題などを中心に二日間、計六時間近く討論することができた。それぞれの担当者は、大変意欲的で使命感を持って政策を立案し、遂行していることが伝わってきた。そうした討論の終わりに「ドイツの環境政策は日本の実情に照らしてみても先進的である。なぜそのような環境政策を具体化し、実行することができるようになったのか、環境省が指導性を発揮した結果なのか」と質問してみた。それに対する回答は、「環境省が指導するのではない。国民に教えられている。国民が政策を批判し、意見をいい、私たちはそれから学ぶのです」というものであった。この言葉のなかにドイツの環境政策がどのような経過で形成され実施されてきたか、なぜ先進的といわれる政策となったのかが込められている。つまり都市交通から地球環境問題にいたる環境優先の理念を作り上げた原動力は市民の運動であった。

ある都市の住民が自分たちの住む環境を守るために国の道路建設計画に反対して立ち上がり、その後、国の計画に代わる対案を考え、それを実現するよう議会や市行政当局に働きかけて実現させた。そのモデルは他の都市にも波及する。そして、次に州の議会を動かして州の法律を作り、そして連邦政府の法律の制定にまで導いていった。さらに環境優先の政党に働きかけて連邦議会を動かし、そのような市民層と議会の力関係の転換を背景に、政府は市民の批判と意見を聞かなければならなくなる。それが法律の制定となり、その法律に基づいて連邦政府は行政を実施する。このことを環境省の職員が示してくれた。実際に、連邦政府の政策は常に市民とその声を代弁する環境団体や緑の党などによって監視され、立ち遅れや過ちは批判されてきた。

環境政策を形成してきたドイツの現実の歴史はそれを証明する。ごみ問題で厳しい規制を州と連邦政府が設けるようになったのは、一九七〇年代のドイツ各地での、ごみ処理に対する住民の反対運動の結果であった。

自動車交通を優先して電車など公共交通を廃止し、替わりに自動車道路を建設しようとする連邦政府の交通政策を転換させたのは、自動車道路建設に反対する強い住民の運動であった。バイエルン州のエアランゲン市は道路の四六％が自転車専用レーンを持ち、一九八八年現在で一八〇キロの自転車ネットワークを持つ都市となっている。そのきっかけとなったのは一九八〇年代はじめの四車線自動車道路建設に対する反対運動であった。住民の道路建設反対運動の高まりが市議会を動かし、市議会は自動車道路の替わりに歩行者、自転車優先の道路を建設することを決議した。その動きが自転車優先の道路体系の建設につながったのである。

環境先進都市として日本にもしばしば紹介されるフライブルグ市で、周辺の黒い森が大気汚染で破壊されはじめ、自動車交通の替わりに市電路線の拡大を決めたのは一九六八年、他の都市では自動車交通をさまたげるとして路面電車を次々に廃止していた時期のことであった。翌年の一九六九年には市民の安全と黒い森を守るために同市最初の「総合交通計画」が策定された。その計画の具体化として一九七二年には市内の中心四二ヘクタールから自動車を締め出すことを決定した。

さらにフライブルグ市民の環境運動を全市民的な規模に盛り上げる要因を作ったのは、連邦政府と州当局であった。連邦政府はライン川でもスイスとフランスに近い上流のフライブルグの近郊の川辺、森とブドウ畑の町、ヴィールに二〇番目の原子力発電所建設を計画したのである。一九七〇年代初めのことだ。市民は学生など若者をはじめ家庭の主婦、老人にいたるフライブルグを愛する数多くの人々が原発建設反対に立ち上がった。市議会も多数が反対の側になり、議会でも原発、エネルギー問題が論じられた。全市を挙げてフライブルグでは原発建設に反対する勢力が強くなっていった。ついに今日まで原発は日の目を見ていない。

そうしたなかで原発は不可欠であるとする政府に対抗して、フライブルグ市民が作り上げたのが原発建設に対する代替案としての「市エネルギー供給基本コンセプト」であった。フライブルグの人達は一九八一年、原子力に代わるエネルギー、大手電力会社に代わる供給体制をつくることを求めて「都市のエネルギー供給の原則」を市議会で審議を開始し、その年にエネルギー自立をめざした「市エネルギー供給基本コンセプト」を決議した。目的はエネルギー供給の自立を目指すことで、その基本方針は、

(1)　エネルギーの節約によりエネルギー需要を減少させる「省エネルギー」対策を第一とする。

(2)　再生可能エネルギーは従来のエネルギーに優先して考慮される。

として具体的対策としてさまざまな対策を掲げている（資源リサイクル協議会編『環境都市フライブルグ』中央法規刊）。

この考え方は交通にも生かされた。それが自動車に代わる自転車優先、路面電車など公共交通拡充を目指した「総合交通計画」であった。市民の意見が中心となって作られた「総合交通計画」に基づいて歩行者専用ゾーン、パークアンドライドのための駐車場の整備、近郊住宅地域に対する市電網の整備が一九八〇年代に進む。一九八四年には環境保全切符の導入が実現する。月六四マルク（九七年四月現在）の定期券でフライブルグ市を中心として二七〇〇キロの市電、バスなどの公共交

通機関は乗り放題という制度である。はじめての環境保全切符ということで、その後フライブルグモデルとして八〇年代にはドイツ各都市で導入されている。

ドイツ全土に二〇万人の会員（一九九六年現在）と一〇〇をこえる支部と一〇〇人の専従職員を持つ環境団体BUNDの役割は大きい。原子力発電所建設に反対し、計画を中止させるうえで重要な役割を果たしただけでなく、エネルギー政策、交通政策、廃棄物政策に大きな役割を果たしている。環境運動の実践体として先導的な役割を日常的に担っているうえ、政策形成に対する影響力は政党の具体的な政策方向に大きな影響を与えてきた。そうした市民運動の潮流が強まる中で緑の党が一九八〇年に結成され、州議会で議席を得て社会民主党と連立で政府を構成している州も出てきた。ドイツの一六の州はそれぞれ州議会と政府を持ち連邦政府から自立して大きな権限を持っている。緑の党は一九九三年に東ドイツの市民運動体と合同して一九九四年の総選挙では六七二議席中四九議席を得て、二五二議席を得た社会民主党とともに保守連立政権の政策路線にも影響を与えてきた。九七年九月の総選挙で勝利し社民党とともに政権を構成し、環境政策を推進してきた。

## 二　住民運動の思想からEU共通の環境政策へ

ドイツの環境政策全体はまず市民運動が口火を切り、緑の党や社会民主党が市議会、州議会で取り上げて州の政策となり、それがさらに連邦議会を動かし、法制度化して行政当局に実施するよう義務づけていく。それらの積み重ねが連邦議会の幾つかの環境法制定として結実してきた。一六州のうち連邦政府与党であるキリスト教民主同盟など保守党が政権を保持しているのは九七年現在、わずか三州だけで、社会民主党、緑の党などが政権を担う州政府が大部分である。連邦議会では一九九八年まで与党の中心はキリスト教民主同盟であった。そのような政権が世界ではもっとも厳しい二五％の二酸化炭素排出削減の方針を決定した。京都会議での緩和された決議により後に変更の方向にあるが、大きな流れは変わっていない。

こうした流れの背景には、ドイツ市民が始めた中小規模の都市の自動車道路建設反対運動や原発建設反対運動から代替案が生まれ、それらが多くの市民の支持をえて公共交通の拡大充実の構想となって市議会を動かし、路面電車の拡大、充実を実現していった歴史がある。都市では自動車交通の進入制限、いたるところで三〇キロゾーン地域を広げてきた。ドイツ全土ではゾーン三〇地域は一万カ所に達した。交通沈静化地域もさらに拡大している。自転車専用レーンは各都市で設けられ、都市内道路の四七％に及び、舗装の色を変えて自動車交通から保護している都市もある。ドイツ全土では乗用車の保有台数が三〇〇〇万台に対して、自転車は四八〇〇万台以上にのぼる。また環境保全切符が各都市で導入され、定期パスを購入すれば軽快電車・バスなど各公共交通を利用できる都市も増えた。

世界でも先進的といわれるドイツの環境政策を立案し、立法して州政府や連邦政府を動かしていく主体は、各地の草の根の市民運動体であったのである。筆者が議論した環境省の幹部の言葉どおりの現実が、ドイツの環境政策の土台となっている。

そのような社会的背景のもとで九八年九月の総選挙で社民党、緑の党はキリスト教民主同盟に対して勝利した。それはドイツの環境政策の前進の契機ともなった。一九九九年三月ドイツの税制改革関連法が国会で可決され、成立した。この法の成立により、従来のエネルギー税制に上乗せした環境税が同年四月から施行された。ガソリン、軽油は一リットル当たり〇・〇六マルク（約四円）を課税し、灯油、ガス、電気料金にも課税される。半面所得税、法人税に対しては大幅な減税となり、税の体系を変更することが狙いとなっている。ＥＵの環境学者が提唱していた税制度が生かされた形となった。

アメリカの場合も同じように自動車交通を抑制した都市作りの主体となったのは都市の住民であった。連邦政府と州政府はいずれも自動車道路建設計画を住民に突き付け、都市環境を悪化させようとしたが、住民の反対運動で撤回せざるを得なくなって、取り止めただけの役回りであった。前に挙げたサンフランシスコ市では、一九五一年に一〇本の高速道路建設計画を政府は発表した。これに対して市の住民は、都市環境や景観を維持することを選び、高速道路建設に強く反対し、一九五九年以降、建設計画は中断していった。そして実際に建設されたのは、計画路線のうちわずか三本だけであった。

同市では一九七三年には公共交通を優先するトランジット・ファースト・ポリシーという公共交通計画を策定したが、これを具体化する原動力となったのは住民の力であった。こうした交通計画の実現に結実した住民の動きは都市計画にまで介入し、規制していった。サンフランシスコ市民は住民投票によりオフィスビルの建設面積を制限することを考えたのである。オフィスの建築許可面積を削減しようという住民投票は、一九七〇年代初頭から住民にはかられたが、一九八六年になってビル制限条例・プロポーサルMが住民投票で多数の賛成を得て実施された。

同じように前に紹介したオレゴン州のポートランド市でも同市の交通計画を公共交通中心の体系に転換させた主体は、自動車道路建設反対運動を推進した住民たちであった。

連邦政府と市当局が作った一九七〇年代初頭の道路建設計画は、そのほとんどが住民の反対運動を引き起こして、計画は撤回もしくは縮小された。そして住民が新たに選んだゴールドシュミット市長は都心部への自動車流入をおさえて、公共交通を中心とする交通体系に転換していくことを決定した。現在は自動車交通を排除した、緑の茂る都心部と住宅地が広がり、それを頻繁に結ぶＬＲＴが市民の足を支えている。市当局をそのような政策転換へと動かしていったのは高速道路建設に反対し、法廷闘争でも勝利した住民運動であったことは注目されてよい。サンフランシスコやポートランドではともに一九六〇年代から一九七〇年代に住民運動が登場し、選挙や住民投票、訴訟など多様な手段で当局の道路政策を行き詰まらせた。それに代わる対案を出して自動車交通中心から公共交通中心の体系に転換させた。一九七三年の第一次オイルショックの以前に住民運動が交通体系を転換させていったことは、交通計画を考えるうえで教訓的である。欧米の交通計画転換の大きな流れを作るうえではそれが土台となっていたのである。

米国、ドイツで共通しているのは、連邦政府がともに自動車交通を中心とした交通体系の建設を推進してきたことである。日本と同じく両国政府は自動車道路建設、自動車の販売増による経済成長という政策課題の達成が最優先で、一九八〇年代まではそれに固執し続けてきた。それはしばしば住民の生活環境を無視した道路建設計画となり、居住地と周辺の環境を保存しようとする住民の反対運動の火にあぶらを注いだ。住民運動の担い手たちは自動車交通量の増加に合わせて道路を作るのではなく、公共交通中心の交通体系を提示して、まず自分の都市で実現し、政府に追認させていった。このことはフライブルグ、サンフランシスコ、ポートランド市の交通の歴史に共通している。

都市住民にもっとも好ましい交通体系を作り上げることは、いうまでもなく政府の責務である。ところがこれらの事例が示すように、アメリカ、ドイツでも自動車道路建設を最重点とした交通計画の推進にだけ積極的で、自然環境を破壊してきたのが過去の政府の役割であった。前に詳しく紹介した日本と同じような自動車道路建設をこれらの国でも実施していた。もちろんそれは日本ほど短期間に膨大な金額を投資して、しかも経済性に欠ける計画ではなかったというだけである。

欧州では一つの都市で公共交通中心の交通計画が成功すると、国境を越えた環境運動体の繋がりを通じて欧州全土の都市に経験は広がっていく。そしてそれぞれの都市は固有の独自性を生かしてそれをモデルとしながら交通体系の転換へと進めていく。ドイツ、オランダの都市の交通体系の転換は他の欧州諸国の都市でも住民の手で取り入れられ、具体化されていく。ドイツに近いフランスの都市ストラスブールでは一九九〇年代に軽快電車が数十年ぶりに復活したが、それを実現したのは市民の輿望をになって当選した市長であった。

このような動向は政府の動きから見ても理解できよう。先進国のなかでEUは地球温暖化防止に比較的、積極的となったが、EUの環境政策で指導性を発揮してきたのは、北欧やオランダなどの政府であった。都市交通をはじめ交通体系の転換、都市計画、環境税の導入を最初に取り入れた政府は、北欧やオランダであった。それらは主に社会民主党政権であったが、それらの政府は自国内で先進的な環境政策を新たに採用すると、EUにも提案し、その一部はEU全体の政策となっていったのである。

## 三　新しい交通体系への転換の動き

欧米でのこうした都市住民から始まった交通政策の転換は、一部はEU全体の交通政策として具体化し始めた。EUはECであった一九八〇年からECMT（欧州委員会・運輸大臣会議）を作って共通の運輸政策の策定に努めてきたし、環境を配慮した交通政策を作るための調査、研究を報告書として発表してもいる。気候変動を防止する視点から自動車交通を批判した「気候変動と自動車」や、「交通の社会的費用の内部化」などがそうである。

反面、抵抗する要因も多い。EUの研究では気候変動を防止するうえで必要とする規制措置、経済的手段でも、実際には具体化されていない施策も数多い。それは日本でもそうであるように施策の実行により利害を損なわれる利害集団の反対と、それを代弁する保守政権の抵抗が強いからである。

自動車交通量を削減することは自動車メーカーや自動車関連産業全体に影響するし、それらの利益集団の利害を代弁する政治勢力の力は国の規模では強力である。その点は日本と同じだ。しかし個々の自治体ではそれらの反対を抑えるほどの政治的、社会的力を住民の側が持つところまでいたっている。国によって差があるが、欧州では環境政策をめぐって両者の力が拮抗しながら事態を変えていく過程にあるといえる。

アメリカでも同じ方向を目指す動きが強くなった。アメリカの交通計画にかかわる専門家、研究者で組織する交通工学研究会は一九九四年三月、アメリカの交通計画の方向転換を象徴するテーマでシンポジウムを開催した。「環境は交通のプライオリティーを変える」というテーマである。それまではアメリカの各自治体や都市では、そのような考え方で交通計画を作るところは少なかった。しかし現在では連邦政府の基本姿勢がそのような環境保全を前提とした交通計画へ転換しはじめていることを示唆するシンポジウムであった。イギリスでも、国会のロイヤルコミッションでは、交通計画の策定には地球環境保全を優先すべきである、そのためには自動車交通を削減すべきで、具体策として有効なのは自動車燃料の価格を二倍に引き上げるべきである、と政府に勧告している。

アメリカではすでに紹介したように、連邦政府でもCAAA法やISTEA法、TEA—二一法

表終-1　政策パッケージとその内容

（OECD,1995年）

| | シナリオ1 | シナリオ2 | シナリオ3 |
|---|---|---|---|
| 土地利用マネジメント | ●拡散防止と密度保持<br>●公共交通利便のよい中心地への商業業務誘導<br>●駐車場の供給量抑制・都心部の強化<br>●効外駐車場(P&R)推進<br>●既存交通網近傍に物流施設整備 | ●アーバンビレッジ構想の適用<br>●LRTと公共交通指向型開発<br>●自転車道、歩行者道の充実<br>●自動車フリー区域の設定 | |
| 道路交通マネジメント | ●バイパスへの投資抑制<br>●HOV車線への投資<br>●バスや路面電車優先<br>●歩行者専用化とセル化<br>●自転車,歩行者重視<br>●交通静穏化<br>●情報技術の活用 | ●都市内道路建設の制限<br>●情報技術活用による需給調整<br>●全市的交通静穏化<br>●交通管理組合 | |
| 環境保護 | ●新車の騒音排ガス規制<br>●新車の燃費基準設定<br>●既存車両の排ガス規制<br>●低公害バス導入推進<br>●物流交通の時間規制 | ●街にやさしい車やバス等推進のための規制調整<br>●目標値の達成期限の設定 | |
| 価格メカニズム | ●燃料税、物品税、登録料による低公害車普及<br>●駐車料金での需要調整<br>●トールリングで収入増 | ●エレクトロニックロードプライシング<br>●スマートカードによる公共交通財源確保 | ●燃料税の引き上げ(毎年)<br>●外部費用に見合うように自動車への税金強化<br>●高効率、低荷重、低汚染の都市型車両の利用普及 |

を実施して環境保全を道路建設需要よりも優先する、環境にマイナスの影響を与える道路建設計画には予算をつけないというとするシステムを導入する、など環境重視策を具体化している。

なかでも政策提言として注目に値するのは、ＯＥＣＤの研究である。ＯＥＣＤでは現実の具体的分析と併せて政策研究も進めてきたが、「自動車交通量と自動車燃料消費量との削減のための政策パッケージ」は数多く述べてきた欧米での具体例を整理して、政策の組み合わせとして要約した提言である（表終―1、図終―1、2）。自動車交通量（走行台数×距離）は現政策のままでは二〇一五年には一九九〇年の一・五倍に増加する。ところが第一策では一・五倍、第一策と第二策を併用すると一・三倍、第一策、第二策、第三策をすべて併用すると自動車交通量は九〇％へと減少するという。同じように燃料消費量も現政策のままでは二〇一五年には一九九〇年の一・四倍であるが、第一策をとれば一・三倍、第一策と第二策を併用すれば一・二倍、第一策、第二策、第三策をすべて併用すれば自動車燃料消費量は六〇％へ減少するという（ＥＣ運輸大臣会議編『都市交通とサスティナブルデベロプメント』一九九五年）。これは欧米の都市交通政策の先進的な経験を地球環境保全の視点からまとめた政策提起として有益である。もちろんこのパッケージを具体的交通政策として採用している国はまだない。これは現在の交通体系を全面的に変更するものであるため、政治的社会的な抵抗が強く実現するには大きな壁がある。しかし、地域的環境と気候変動による影響が現実化していくにつれて、この政策方向は部分的であれ具体化されていくだろう。

現に一九九七年に入って、ＥＵでは二〇〇〇年以降の$CO_2$排出量の削減を定めるだけでなく、削減方法についても共通の具体策を記述すべきだとして、自然エネルギーの消費拡大などと並べて交通部門では燃料に対する課税、新規登録車からの走行距離当たりの$CO_2$排出削減、化石燃料に対する補助金の削減または廃止、環境税の導入を先進国は共通政策として実施するという意見が強

図終-1　政策パッケージによる交通量・燃料消費量への効果

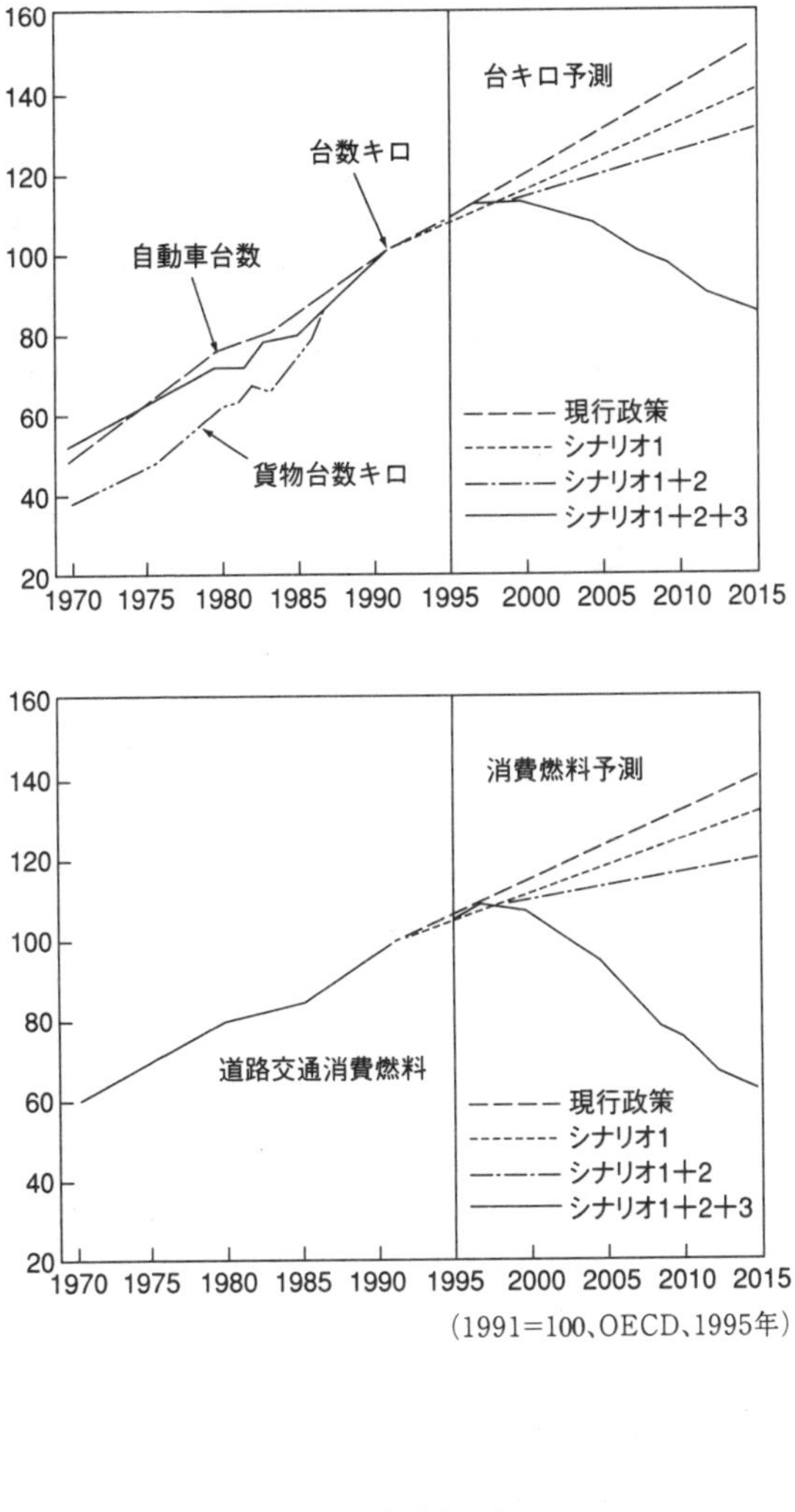


（1991=100、OECD、1995年）

まっている。

ＥＵとしてＣＯ$_2$の削減を実現するための具体的方策については、ＥＵは特別委員会を作り、ＥＵ共通の課税方針、経済的手段、エネルギー需給、交通など、鍵となる分野について調整と統合作業を行なうことを決めた。そしてＣＯ$_2$排出削減目標の実現には次の項目が効果的であるとして列挙している。

再生可能エネルギー、コージェネレーションなどとともに乗用車、トラックからのＣＯ$_2$削減、温室効果ガス排出削減策としての課税引き上げ、交通部門における輸送方式の変更、などである。

## 四　孤立する日本の交通政策

日本の政府は、言葉では自動車からの鉄道へのモーダルシフトを主張し続けてきた。だが現実はそれに逆行してきた。鉄道貨物輸送はそのころから減少の一途をたどり、自動車による貨物輸送は増加し、運輸省の主張は言葉だけであったことが証明された。理由は簡単である。鉄道輸送への転換を支援する財政的、経済的施策は何もなく、実行の裏付けのない、言葉だけの主張でしかなかったからである。

日本では温暖化防止政策の出発点であった国連環境開発会議（ブラジルサミット）で決議した、現在の先進国の生産・消費のシステムとライフスタイルは持続可能ではない。その転換が求められているという認識がなく、現在の生産・消費システムを維持していくとの思想が、今もなお頑強に生き続けている。

こうした日本の現実がしめすものは、日本の政治、経済システムの底深い欠陥である。日本の行政機構には人類生存のために必要不可欠な政策を実行するには大きな障害がある。行政当局がそれを実行する政治的意思を持つかどうかがまず問われる。もし政治的意思があって、それを実行しようとすれば利害関係集団からの強力な圧力に直面する。それに立ち向かい、それを排除しなければ正しい政策は実行できない。

そのうえ、このような利益集団は国を支配する政治家集団と深い繋がりを築き上げており、政治勢力の姿勢を転換する力が働かなければ政策転換は難しい構造になっている。科学的知見や市民運動は政策転換のきっかけとなることはあるが、それらが国際政治上の力となり、外圧として機能するときにだけ実を結ぶ場合がしばしばである。

## 五　急務となった日本の政策転換

一方、海面の上昇の影響で水没のおそれが出てきた赤道付近の太平洋、インド洋、カリブ海の珊瑚礁からなる国々はもっとも強力に先進工業国の$CO_2$削減を主張し、発展途上国、七七カ国グループでも支持する国が増えている。フィージーなどこれらの国は、一九八七年に台風による深刻な被害を体験し、国連環境計画に地球温暖化が原因ではないかと調査を依頼し、その翌年一九八八年に首都のマレーに島嶼国六カ国の代表が集まり次のような声明を発表した。「地球温暖化が進行することはわれわれ島嶼国の存立に対する脅威である。温暖化の原因をもたらす先進国は、これを防止する倫理的責任を有する」。これらの国は一九九〇年に三五カ国が結集してＡＯＳＩＳを結成し、共同行動を取ることになる。一九九五年のベルリンでの気候変動枠組み条約では、二〇〇五年までに先進国が$CO_2$の排出量を二〇％削減するよう主張して会議の決議採択に大きな影響を与えたのは、ＡＯＳＩＳであった。ＡＯＳＩＳは一九九七年六月の国連環境特別総会でも二〇〇五年までに二〇％削減を強く主張した。これらの発展途上国をはじめとして世界全体でも地球温暖化対策を急げと主張する国が増加しており、地球温暖化対策に消極的な日本政府の姿勢は、世界的に孤立するおそれが強まっている。

欧米の環境交通体系の転換の歴史は、住民運動がその先導役であったことを教える。同じ条件は日本にも存在する。国が強行しようとする大掛かりな高速道路建設計画は、日本各地で住民の反対を引き起こしている。それはそれぞれの地域の環境を損なうことを防ぐために意味があるだけではなくなった。水没の危険に迫られている赤道周辺の島国の人々から見るとき、温室効果ガス削減は先進国の人間が果たすべき責務である。また未来の世代にとっては現代の世代が果たすべき責務の一部である。

# あとがき

本書の出版の企画がもちあがったのは一九九〇年代はじめの頃であった。その頃はクルマ社会批判の考えは日本ではごく少数であった。大波のようなモータリゼイションの流れに抗して異議を申し立てようというのが、本書の出版に託した当初の意図であった。その後少しずつ日本でも社会的雰囲気が変わり、モータリゼイションの勢いに対する批判的な考えが広がってきたようである。大気汚染、公害の発生源としての自動車に対する位置付けが公害裁判の判決や、環境問題の深刻化などと結び付いて変わってきたように思われる。

しかし、自動車を基盤として交通体系が作られており、自動車利用を前提とした社会生活が営まれていることには何の変化もない。

本書は、自動車交通とそれを支える道路建設が持っている現代的諸問題を分析し、それを通して二十一世紀に目指すべき交通体系の有り様を探ろうと試みた。本書ではそれらの分析にほとんど終始したが、それも日本の道路交通問題が世界でも群を抜いて深刻な状況にあるからだと考えている。

さまざまな環境問題が発生し、地球の温度が上昇していくことが明らかになったなかで、現代の生産と消費システム、人間の暮らしのあり方に疑問を感じている人は数多い。車社会の行方に不安や憂いを感じる人も多い。利便さを求めて進められている道路建設に憂慮している人々も数多い。

第七章で紹介した一九九八年九月二十二日、はじめてフランスで実施されたノーカーデーはその後欧州全体に広がった。二〇〇〇年九月二十二日には英仏独伊など二六カ国の八二二市町村がノーカーデーを実施した。フランスの三五の都市で始まった試みは、わずか二年間でEU加盟一五カ国の七九三市町村、スイスなどEU非加盟の一一カ国の二九市町村にまで広がった。これは脱クルマ社会の思想が欧州の多くの市町村の住民に支持され、行動として実行されていることを示すものだ。今後もノーカーデーの流れはさらに広がり、世界の自治体の運動となっていく勢いを見せている。日本でもカーフリーデー二〇〇〇という名称で九月二十二日に市民の運動としてイベントが実施された。日本も自治体が主体となってノーカーデーを広げていくことが求められる時代となった。

道路交通の現状と健康被害の関係に心身を痛める高齢者や病弱者は全国で数知れない。筆者も四年前まで重症の気管支喘息で苦しみつづけた者の一人である。

それらの人々の目に触れ、道路交通を考えるうえで、次の世代のあるべき交通を探るうえで、本書が少しでも役立つことができれば幸せである。

本書は一九九八年秋、三一書房の三一新書として出版する予定であった。そのための作業をすべて終えて原稿を渡し、刷り上がってきた初校のゲラに手を入れて三一書房の編集部に送り届けた段階で、担当の編集者であり、労組の役員でもあった三角忠さんが突然解雇され、会社側はロックアウトして来た。その後、争議が継続するなかで労組は労働債券を確保するために本社ビルを占拠、会社も取締役会が二重にできるという状況で争議が長期化した。争議の解決を期待して二年近くまったが会社側は別の事務所で出版活動を再開し、懸案のままになっていた本書の取り扱いについては何の通知もないので、担当者であった三角さんの了解を得て三一書房からの出版を取り止め、緑風出版の高須次郎社長の好意により同社から出版の運びとなったものである。高須社長に謝意を表したい。

本書の出版の話がまとまった頃、私は喘息の発作にほとんど連日悩まされ、仕事をすすめることができなかった。そうしたなかで資料の収集と執筆に共同作業者として長期間、エネルギーを注いでくれたのが磯原知里さんである。彼女は神奈川大学経済学部の環境経済論をテーマとした私のゼミナールの卒業生で欧米の環境、交通について研究を続けてきた。彼女の作業がなければ本書を完成させることはできなかったろう。

執筆分担は第一章、第四章、第七章の半ばを磯原知里、残りの章は白石忠夫であるが、資料収集、整理などの多くを磯原知里に依存した。

編著者

二〇〇〇年十月十日

[編著者略歴]

白石忠夫（しらいし　ただお）
1928年　熊本県生れ
1951年　東京大学経済学部卒
同年　外資系石油企業入社
1988年　定年退職
企業勤務の傍ら東京経済大学、横浜市立大学講師、のち国学院大学講師、神奈川大学　特任教授を経て現在、同大学講師・環境経済論。ノーニュークス・アジアフォーラム世話人
筆名　宮嶋信夫
【著書】『「石油戦争」と世界』（三一書房）、『メジャー―現代の石油帝国』（日本評論社）、『石油資源の支配と抗争』（緑風出版）、『大量浪費社会』（技術と人間）、『エネルギー浪費構造』（編著）（亜紀書房）、『原発大国へ向かうアジア』（編著）（平原社）

# 世界《せかい》は脱《だつ》クルマ社会《しやかい》へ

2000年11月13日　初版第1刷発行
2001年　5月20日　初版第2刷発行

定価2000円＋税

編著者　白石忠夫
発行者　高須次郎
発行所　緑風出版
〒113-0033　東京都文京区本郷2-17-5　ツイン壱岐坂
[電話] 03-3812-9420　[FAX] 03-3812-7262
[E-mail] info@ryokufu.com
[郵便振替] 00100-9-30776
[URL] http://www.ryokufu.com/

装　幀　堀内朝彦
写　植　R 企 画
印　刷　長野印刷商工　巣鴨美術印刷
製　本　トキワ製本所
用　紙　山市紙商事　E1000(ET3000)

　ISBN4-8461-0014-6　C0065

## 「国鉄改革」を撃つ
公共交通の再生

鎌倉孝夫著

四六判上製

二一四頁

1600円

国鉄の「分割・民営」は、天文学的な資産の切り売りと財界による国鉄乗っ取りの大陰謀計画である。交通政策の第一人者が膨大なデータを分析、本質をトータルに解明し公共交通としての国鉄の民主的再生の道を構想する。

## どうする旧国鉄債務

横田一著

四六判並製

一九七頁

1800円

国民一人あたり二〇万円、総額二八兆円の旧国鉄債務。国鉄の分割・民営化から一〇年で一・七倍にも増えた国民の借金負担。本書は、処理法案によって国民へのツケ回しが目論まれている旧国鉄債務の原因と責任を徹底追及！

## 東京湾アクアラインの検証

久慈　力著

四六判並製

二三二頁

1800円

総事業費一兆四四〇〇億円の巨費を投じ完成したアクアライン。だがこの一年間の交通量は通行料の高さも禍いし予定の四割にも満たず、年間欠損は九三三億円にのぼり、返済の目処さえない。公共事業の大愚行を総点検。

## これでいいのか高速道路

久慈力著

四六判並製

二一六頁

1900円

高速道路の料金はなぜこんなに高いのか？　阪神大震災での被害はなぜ起こったのか？　一方で関係法人は大儲けしているというし、談合は花盛りで建設だけが進み、自然は破壊される。本書は高速道路行政を厳しく告発する。

## これでいいのか首都機能移転

久慈力著

四六判並製

二二六頁

1900円

公共事業の問題が叫ばれる中、なおも税金ムダ使いの巨大な計画、「首都機能移転」がスタートしようとしている。本書は、田中・金丸ラインがレールを敷いたこの巨大国家プロジェクトの問題を、あますところのない取材で告発する。

## 政治が歪める公共事業
### ——小沢一郎ゼネコン政治の構造

久慈　力・横田　一共著

四六判並製　二一六頁　１９００円

政・官・業の癒着によって際限なくつくられる無用の〃公共事業〃が、列島の貴重な自然を破壊し、国民の血税をゼネコンに流し込んでいる！　本書はその黒幕としての〃改革者〃小沢一郎の行状をあますところなく明らかにする。

---

## 環境を破壊する公共事業

『週刊金曜日』編集部編

四六判並製　二八八頁　２２００円

構造的な利権誘導や、大規模な自然破壊、問い返されることのないその公共性などが問題となっている公共事業を、自然環境破壊の観点から総力取材。北海道から南西諸島まで全国各地の事例をレポートし、その見直しを訴える。

---

## 大規模林道はいらない

大規模林道問題全国ネットワーク編

四六判並製　二四八頁　１９００円

大規模林道の建設が始まって二五年。大規模な道路建設が山を崩し谷を埋める。自然破壊しかもたらさない建設に税金がムダ使いされる。本書は全国の大規模林道の現状をレポートし、不要な公共事業を鋭く告発する。

---

## ドキュメント日本の公害　第九巻
## 交通公害

川名英之著

四六判上製　五五三頁（グラビア７頁）　４８００円

水俣病の発生から今日まで現代日本の公害史をドキュメントにした初めての通史！　本書は、自動車特にディーゼル車の急増によるＮＯｘ濃度の悪化など自動車公害と新幹線公害を分析する。（シリーズ全一三巻）

---

## ドキュメント日本の公害　第十二巻
## 地球環境の危機

川名英之著

四六判上製　四九〇頁（グラビア８頁）　４３００円

水俣病の発生から今日まで現代日本の公害史をドキュメントにした初めての通史！　本書は、オゾン層の破壊・地球温暖化問題など地球環境の危機と地球サミットなどの対応策を追う。（シリーズ全一三巻）